# BUKU MASAKAN MAGHRIBI TERBAIK

Meneroka Makanan Masakan Abadi Dengan 100 Resipi Moden

BERIT GUSTAFSSON

Bahan Hak Cipta ©2024

Hak cipta terpelihara

Tiada bahagian buku ini boleh digunakan atau dihantar dalam apa jua bentuk atau dengan sebarang cara tanpa kebenaran bertulis yang sewajarnya daripada penerbit dan pemilik hak cipta, kecuali petikan ringkas yang digunakan dalam semakan. Buku ini tidak boleh dianggap sebagai pengganti nasihat perubatan, undang-undang atau profesional lain.

# ISI KANDUNGAN

- ISI KANDUNGAN ................................................................. 3
- PENGENALAN ..................................................................... 6
- **SARAPAN DAN BRUNCH** ................................................. 7
  - 1. Pancake Maghribi (Baghrir) ............................................ 8
  - 2. Omelet Maghribi dengan Sosej Merguez ......................10
  - 3. Khobz Maghribi ............................................................12
  - 4. Teh pudina Maghribi ....................................................15
  - 5. Shakshuka Maghribi ....................................................17
  - 6. Maghribi dan Omelet Feta ...........................................19
  - 7. Maghribi Chicharrónes Con Huevo ..............................21
  - 8. Soufflé Sarapan Maghribi ............................................23
  - 9. Bacon, Lada Merah dan Mozzarella Frittata ...............25
  - 10. Roti Bakar Perancis Maghribi ....................................27
  - 11. Polenta Maghribi yang dimuatkan .............................29
  - 12. Sarapan Bulgur dengan Pear Dan Pecan ...................31
  - 13. Sarapan Muffin Dedak ...............................................33
  - 14. Bungkus Sarapan Maghribi .......................................35
  - 15. Hash Moroccan Dua Kentang ...................................37
  - 16. Muffin Telur Maghribi ................................................39
  - 17. Mangkuk Dewi Yunani ...............................................41
  - 18. Pine Nut Overnight Oatmeal .....................................43
  - 19. Kacau Bayam dan Telur ............................................45
  - 20. Feta dan Tomato Scramble .......................................47
  - 21. Ceri dan ricotta Tartine .............................................49
  - 22. Tomato dan Omelet Feta ..........................................51
  - 23. Yogurt Yunani dengan Madu dan Kacang .................53
  - 24. Mangkuk Sarapan Maghribi ......................................55
  - 25. Kopi Berempah Maghribi ..........................................57
  - 26. Salad Alpukat dan Tomato Maghribi .........................59
  - 27. Msemen Maghribi (Pakek Persegi) ............................61
- **KUDAPAN DAN PEMBUAT SELERA** ............................. 63
  - 28. Moroccan Hummus dengan Harissa .........................64
  - 29. Kurma Sumbat Maghribi ...........................................66
  - 30. Bayam Maghribi dan Feta Briouats ...........................68
  - 31. Sosej Merguez Maghribi ...........................................70
  - 32. Kebab Hati Maghribi .................................................72
  - 33. Burger Sayur Keladi Maghribi ...................................74
  - 34. Tomato Sumbat .........................................................77
  - 35. Labneh dengan Minyak Zaitun dan Za'atar ...............79

36. Goreng Ikan Kod Garam Dengan Aioli ..........................................81
37. Kroket Udang ..........................................................................83
38. Goreng Udang Rangup ............................................................85
39. Cumi Dengan Rosemary Dan Minyak Cili ..................................87
40. Salad Tortellini .......................................................................89
41. Salad Pasta Caprese ...............................................................91
42. Roti Bakar Balsamic ................................................................93
43. Bola Piza ...............................................................................95
44. Gigitan Kerang dan Prosciutto .................................................97
45. Terung dengan Madu ..............................................................99
46. Lada Merah Panggang dan Feta Dip .......................................101
47. Kebab Daging Lembu Sepanyol -Maghribi ..............................103
48. Hummus Avocado Maghribi ...................................................105
49. Roti Bakar Tomato Maghribi ..................................................107
50. Campuran Popcorn Itali yang rangup .....................................109
51. Lada Merah dan Feta Dip ......................................................111
52. Moroccan Hummus Dip .........................................................113
53. Feta dan Olive Tapenade ......................................................115
54. Daun Anggur Sumbat Maghribi ..............................................117

## HIDANGAN UTAMA ................................................................ 119

55. Baki Ayam Maghribi ..............................................................120
56. Tagine Chickpea Maghribi .....................................................123
57. Stew Chickpea Maghribi .......................................................126
58. Mangkuk Chickpea Berempah Maghribi ..................................128
59. Bahu Kambing Rebus Maghribi dengan Apricot ......................131
60. Burger kambing Moroccan dan harissa ..................................134
61. Nasi dan Chickpea Bakar Gaya Maghribi ................................136
62. Mangkuk Salmon dan Millet Maghribi ....................................138
63. Kacang fava dan rebusan daging ...........................................141
64. Cili Kambing Maghribi ...........................................................143
65. Pure kacang fava - bissara ....................................................145
66. Kambing dan pir tagine .........................................................147
67. Nasi Marrakesh dan sup lentil ...............................................149
68. Kacang ayam pekat dan sup daging / Hareera .......................151
69. Mangkuk Quinoa Maghribi ....................................................153
70. Ayam Marsala .......................................................................155
71. Bungkus Sayuran Maghribi ...................................................157
72. Ayam Cheddar Bawang Putih ................................................159
73. Udang dengan Sos Krim Pesto ..............................................161
74. Ratatouille Sepanyol .............................................................163
75. Udang dengan Adas ..............................................................165
76. Salmon Maghribi yang dibakar ..............................................167
77. Sup Kacang Putih .................................................................169
78. S udang galah gambas .........................................................171

79. Ayam Herba Lemon Bakar ......................................................................... 173
80. Tomato dan Pasta Basil ........................................................................... 175
81. Salmon Bakar dengan Salsa Maghribi ..................................................... 177
82. Chickpea dan Stew Bayam ...................................................................... 179
83. Lidi Udang Bawang Putih Lemon ............................................................. 181
84. Mangkuk Salad Quinoa .......................................................................... 183
85. Rebus Terung dan Chickpea .................................................................... 185
86. Ikan Kod Bakar Herba Lemon .................................................................. 187
87. Salad Lentil Maghribi ............................................................................. 189
88. Bayam dan Lada Sumbat Feta ................................................................ 191
89. Salad Udang dan Avokado ..................................................................... 193
90. Peha Ayam Bakar Itali ............................................................................ 195
91. Lada Loceng Sumbat Quinoa ................................................................. 197

# PENJERAHAN ............................................................................. 199
92. Kek Oren & Buah Pelaga Maghribi .......................................................... 200
93. Sorbet Oren Maghribi ............................................................................ 202
94. Aprikot dan Tart Badam ......................................................................... 204
95. Pic Bakar Maghribi ................................................................................ 206
96. Minyak Zaitun dan Biskut Lemon ............................................................ 208
97. Salad Buah Maghribi ............................................................................. 210
98. Maghribi Puding Honey ed ..................................................................... 212
99. Kek Badam dan Oren Tanpa Tepung ....................................................... 214
100. Kek Oren dan Minyak Zaitun ................................................................ 216

# KESIMPULAN ............................................................................. 218

# PENGENALAN

Marhaban! Selamat datang ke "Buku masakan maghribi terbaik" pintu masuk anda untuk menerokai dunia masakan Maghribi yang abadi dan mempesonakan melalui 100 resipi moden. Buku masakan ini merupakan perayaan perisai yang kaya dengan perisa, rempah ratus aromatik dan tradisi masakan yang mentakrifkan masakan Maghribi. Sertai kami dalam perjalanan gastronomi yang membawa daya tarikan Maghribi ke dapur anda, menggabungkan tradisi dengan sentuhan moden.

Bayangkan meja yang dihiasi dengan tagine wangi, hidangan couscous yang meriah dan pastri dekaden—semuanya diilhamkan oleh pelbagai landskap dan pengaruh budaya Maghribi. "Buku masakan maghribi terbaik" bukan sekadar koleksi resipi; ia adalah penerokaan bahan, teknik dan cerita yang menjadikan masakan Maghribi sebagai simfoni perisa. Sama ada anda mempunyai akar Maghribi atau sekadar menghargai rasa berani dan aromatik Afrika Utara, resipi ini direka untuk membimbing anda melalui selok-belok masakan Maghribi.

Daripada tagine klasik seperti kambing dengan aprikot kepada kelainan moden pada pastri couscous dan inventif, setiap resipi adalah perayaan kesegaran, rempah ratus dan layanan yang mentakrifkan hidangan Maghribi. Sama ada anda menganjurkan perhimpunan perayaan atau menikmati hidangan keluarga yang selesa, buku masakan ini adalah sumber utama anda untuk membawa rasa asli Maghribi ke meja anda.

Sertai kami sambil kami merentasi landskap masakan Marrakech ke Chefchaouen, di mana setiap ciptaan adalah bukti rasa bersemangat dan pelbagai yang menjadikan masakan Maghribi sebagai tradisi masakan yang dihargai. Jadi, pakai apron anda, rangkul semangat hospitaliti Maghribi, dan mari memulakan perjalanan yang lazat melalui "Buku masakan maghribi terbaik".

# SARAPAN DAN BRUNCH

# 1. Pancake Maghribi (Baghrir)

**BAHAN-BAHAN:**
- 1 cawan semolina
- 1/2 cawan tepung serba guna
- 1 sudu teh yis kering aktif
- 1 sudu teh gula
- 1/2 sudu teh garam
- 1 1/2 cawan air suam
- 1 sudu kecil serbuk penaik

**ARAHAN:**

a) Dalam pengisar, campurkan semolina, tepung, yis, gula, dan garam dengan air suam sehingga rata. Biarkan ia berehat selama 30 minit.

b) Masukkan serbuk penaik ke dalam adunan dan gaulkan selama beberapa saat lagi.

c) Panaskan kuali non-stick dengan api sederhana.

d) Tuang bulatan kecil adunan ke atas kuali. Masak sehingga timbul buih di permukaan.

e) Balikkan dan masak sebentar di sebelah lagi.

f) Ulang sehingga semua adunan digunakan.

g) Hidangkan penkek dengan madu atau jem.

h) Nikmati sarapan berinspirasikan Maghribi anda!

## 2.Omelet Maghribi dengan Sosej Merguez

**BAHAN-BAHAN:**
- 4 biji telur, dipukul
- 1/2 cawan sosej merguez yang dimasak dan dihiris (atau mana-mana sosej pedas)
- 1/4 cawan tomato potong dadu
- 1/4 cawan bawang cincang
- 1/4 cawan cilantro segar yang dicincang
- Garam dan lada sulah secukup rasa
- Minyak zaitun untuk memasak

**ARAHAN:**
a) Panaskan minyak zaitun dalam kuali dengan api sederhana.
b) Tumis bawang hingga layu, kemudian masukkan tomato yang dipotong dadu dan masak sebentar.
c) Masukkan sosej merguez yang telah dihiris dan masak sehingga keperangan.
d) Dalam mangkuk, pukul telur dan perasakan dengan garam dan lada sulah.
e) Tuangkan telur yang telah dipukul ke atas sosej dan sayur-sayuran dalam kuali.
f) Taburkan ketumbar cincang di atas.
g) Masak sehingga telur ditetapkan, lipat telur dadar menjadi dua.
h) Hidangkan panas dan nikmati omelet Maghribi berperisa anda.

## 3.Khobz Maghribi

**BAHAN-BAHAN:**
- 4 cawan tepung serba guna
- 2 sudu kecil garam
- 2 sudu teh gula
- 1 sudu besar yis kering aktif
- 1 1/2 cawan air suam

**ARAHAN:**

a) Dalam mangkuk kecil, satukan air suam, gula, dan yis kering aktif. Kacau dan biarkan selama kira-kira 5-10 minit, atau sehingga ia menjadi berbuih. Ini menunjukkan bahawa yis aktif.
b) Dalam mangkuk adunan besar, satukan tepung dan garam.
c) Buat perigi di tengah campuran tepung dan tuangkan campuran yis yang diaktifkan ke dalamnya.
d) Mula mencampurkan bahan-bahan bersama untuk membentuk doh yang melekit.
e) Balikkan doh ke atas permukaan yang ditaburi sedikit tepung.
f) Uli doh lebih kurang 10-15 minit sehingga licin dan elastik. Anda mungkin perlu menambah sedikit lagi tepung untuk mengelakkan melekat, tetapi pastikan doh sedikit melekit.
g) Letakkan doh semula ke dalam mangkuk adunan, tutupnya dengan tuala dapur yang bersih, dan biarkan ia mengembang di tempat yang hangat dan bebas draf selama kira-kira 1 jam atau sehingga ia mengembang dua kali ganda.
h) Selepas naik pertama, tebuk doh untuk mengeluarkan gelembung udara.
i) Bahagikan doh kepada 6-8 bahagian yang sama, bergantung pada saiz khobz anda yang dikehendaki.
j) Gulungkan setiap bahagian menjadi bola dan kemudian ratakan ke dalam cakera bulat, kira-kira 1/4 inci tebal. Saiznya hendaklah serupa dengan pinggan makan kecil.
k) Letakkan khobz berbentuk pada lembaran pembakar yang dialas kertas.
l) Tutupnya dengan tuala dapur bersih dan biarkan ia naik selama 30-45 minit lagi.
m) Panaskan ketuhar anda hingga 220°C (430°F).
n) Sebelum membakar, anda boleh membuat lekukan kecil di khobz menggunakan hujung jari anda.
o) Letakkan loyang dalam ketuhar yang telah dipanaskan.
p) Bakar selama kira-kira 15-20 minit atau sehingga khobz berwarna perang sedikit dan mempunyai sedikit kerak.
q) Hidangkan Khobz Maghribi hangat. Ia sesuai untuk mencedok rebusan Maghribi, tagines, atau untuk membuat sandwic.

## 4.Teh pudina Maghribi

**BAHAN-BAHAN:**
- 2 sudu besar teh hijau cina
- 5 cawan Air mendidih
- 1 tandan pudina segar, dicuci
- 1 cawan gula

**ARAHAN:**
a) Letakkan teh dalam teko. Tuangkan dalam air mendidih.
b) Curam selama 3 minit.
c) Masukkan pudina ke dalam periuk.
d) Curam selama 4 minit. Masukkan gula.
e) Hidang.

## 5. Shakshuka Maghribi

**BAHAN-BAHAN:**
- 1 sudu besar minyak zaitun
- 1 biji bawang, dicincang halus
- 1 lada benggala merah, dicincang
- 1 tin (14 auns) tomato dihancurkan
- 4 biji telur besar

**ARAHAN:**
a) Panaskan minyak zaitun dalam kuali dengan api sederhana. Masukkan bawang besar dan lada benggala merah, tumis hingga layu.
b) Masukkan tomato yang dihancurkan ke dalam kuali, dan reneh selama 10 minit.
c) Buat perigi dalam campuran tomato dan pecahkan telur ke dalamnya.
d) Tutup dan masak sehingga telur mencapai kematangan yang anda inginkan.
e) Hidangkan Shakshuka, dan nikmati dengan roti berkerak kegemaran anda.

# 6. Maghribi dan Omelet Feta

**BAHAN-BAHAN:**
- 2 biji telur besar
- 1 sudu besar minyak zaitun
- ¼ cawan keju feta, hancur
- Segenggam daun bayam
- Garam dan lada sulah secukup rasa

**ARAHAN:**

a) Pukul telur dalam mangkuk dan perasakan dengan garam dan lada sulah.

b) Panaskan minyak zaitun dalam kuali tidak melekat di atas api sederhana.

c) Masukkan bayam dan masak hingga layu.

d) Tuangkan telur yang telah dikocok ke atas sayur-sayuran dan biarkan seketika.

e) Taburkan keju feta pada separuh telur dadar, dan lipat separuh lagi di atasnya.

f) Masak sehingga telur masak sepenuhnya.

# 7. Maghribi Chicharrónes Con Huevo

**BAHAN-BAHAN:**
- 1 cawan pork chicharrónes (kulit babi goreng), dihancurkan
- 4 biji telur besar
- ½ cawan tomato potong dadu
- ¼ cawan bawang merah potong dadu
- 2 sudu besar minyak zaitun

**ARAHAN:**
a) Dalam mangkuk, pukul telur dan perasakan dengan garam dan lada sulah.
b) Panaskan minyak zaitun dalam kuali dengan api sederhana.
c) Masukkan tomato dadu, bawang merah potong dadu, dan jalapeño potong dadu ke dalam kuali. Tumis hingga sayur empuk.
d) Tuangkan telur yang telah dipukul ke dalam kuali, kacau perlahan-lahan untuk menggabungkan dengan sayur-sayuran.
e) Setelah telur mula set, masukkan chicharrónes yang dihancurkan ke dalam kuali, teruskan kacau sehingga telur masak.
f) Hidangkan panas, ditaburkan dengan ketumbar segar yang dicincang, dan dengan hirisan kapur di sebelah.

# 8.Soufflé Sarapan Maghribi

**BAHAN-BAHAN:**
- 6 biji telur besar, dipisahkan
- ½ cawan keju feta, hancur
- ¼ cawan buah zaitun hitam, dihiris
- ¼ cawan tomato kering matahari, dicincang
- ¼ cawan basil segar, dicincang

**ARAHAN:**
a) Panaskan ketuhar hingga 375°F (190°C).
b) Pukul kuning telur sehingga sebati dalam mangkuk besar.
c) Dalam mangkuk yang berasingan, pukul putih telur sehingga puncak kaku terbentuk.
d) Masukkan keju feta, hirisan buah zaitun hitam, tomato kering yang dicincang dan selasih segar ke dalam kuning telur yang telah dipukul perlahan-lahan.
e) Masukkan putih telur yang telah dipukul dengan berhati-hati sehingga sebati.
f) Perasakan dengan garam dan lada sulah secukup rasa.
g) Griskan loyang dan tuang adunan ke dalamnya.
h) Bakar selama 25-30 minit atau sehingga soufflé kembang dan perang keemasan.
i) Keluarkan dari ketuhar dan biarkan sejuk sebelum dihidangkan.

# 9. Bacon, Lada Merah dan Mozzarella Frittata

**BAHAN-BAHAN:**
- 7 keping Bacon
- 1 sudu besar Minyak Zaitun
- 4 biji Telur besar
- 4 auns Keju Mozzarella Segar, Kiub
- 1 Lada Loceng Merah sederhana

**ARAHAN:**

a) Panaskan ketuhar hingga 350°F.

b) Dalam kuali panas, masukkan 1 sudu besar minyak zaitun dan masak 7 keping bacon sehingga perang.

c) Masukkan lada benggala merah cincang ke dalam kuali dan kacau rata.

d) Pukul 4 biji telur besar dalam mangkuk, tambah 4 auns mozzarella segar yang dipotong dadu, dan gaul rata.

e) Masukkan campuran telur dan keju ke dalam kuali, memastikan pengedaran sekata.

f) Masak sehingga telur mula set di sekeliling tepi.

g) Parut 2 auns keju kambing di bahagian atas frittata.

h) Pindahkan kuali ke dalam ketuhar dan bakar selama 6-8 minit pada 350°F, kemudian panggang selama 4-6 minit tambahan sehingga bahagian atas berwarna perang keemasan.

i) Keluarkan dari oven dan biarkan seketika.

j) Keluarkan frittata dari kuali dengan berhati-hati, hiaskan dengan pasli cincang segar, dan potong sebelum dihidangkan.

## 10.Roti Bakar Perancis Maghribi

**BAHAN-BAHAN:**
- 8 keping roti kegemaran anda
- 4 biji telur besar
- 1 cawan susu
- 1 sudu teh ekstrak vanila
- ½ cawan beri campuran (strawberi, beri biru, raspberi)

**ARAHAN:**

a) Dalam hidangan cetek, pukul bersama telur, susu, dan ekstrak vanila.

b) Panaskan griddle atau kuali tidak melekat dan tambah mentega atau minyak zaitun.

c) Celupkan setiap keping roti ke dalam adunan telur, salutkan kedua-dua belah.

d) Masak roti di atas griddle sehingga perang keemasan pada setiap sisi (kira-kira 3-4 minit setiap sisi).

e) Hidangkan roti bakar Perancis yang dihiasi dengan beri campuran.

11. Polenta Maghribi yang dimuatkan

**BAHAN-BAHAN:**
- 1 cawan polenta
- 4 cawan sup sayur
- 2 sudu besar minyak zaitun
- 1 tin (400g) tomato dipotong dadu, toskan
- 1 cawan hati articok, dicincang

**ARAHAN:**
a) Dalam periuk sederhana, masak sup sayur-sayuran sehingga mendidih. Pukul polenta, kacau sentiasa sehingga pekat dan berkrim.

b) Dalam kuali yang berasingan, panaskan minyak zaitun dengan api sederhana. Tumis bawang besar yang dicincang halus hingga lut sinar.

c) Masukkan bawang putih cincang ke dalam kuali dan tumis selama 1-2 minit lagi.

d) Kacau dalam tomato dadu yang telah dikeringkan, hati articok yang dicincang, dan perasakan dengan garam dan lada sulah. Masak selama 5-7 minit sehingga panas.

e) Tuangkan campuran sayuran Maghribi ke atas polenta, kacau perlahan-lahan untuk menggabungkan.

## 12. Sarapan Bulgur dengan Pear Dan Pecan

**BAHAN-BAHAN:**
- 2 cawan air
- 1/2 sudu teh garam
- 1 cawan bulgur sederhana
- 1 sudu besar marjerin vegan
- 2 biji pir masak, dikupas, dibuang inti dan dicincang
- 1/4 cawan pecan cincang

**ARAHAN:**
a)   Dalam periuk besar, masak air sehingga mendidih dengan api yang tinggi.
b)   Masukkan garam dan kacau dalam bulgur. Kecilkan api kepada rendah, tutup, dan reneh sehingga bulgur lembut dan cecair telah menyerap kira-kira 15 minit.
c)   Keluarkan dari api dan kacau dalam marjerin, pear, dan pecan.
d)   Tutup dan biarkan selama 12 hingga 15 minit lagi sebelum dihidangkan.

# 13. Sarapan Muffin Dedak

**BAHAN-BAHAN:**
- 2 cawan bijirin serpihan dedak
- 1 1/2 cawan tepung serba guna
- 1/2 cawan kismis
- 1/3 cawan gula
- 3/4 cawan jus oren segar

**ARAHAN:**
a) Panaskan ketuhar hingga 400°F.
b) Minyakkan sedikit loyang muffin 12 cawan atau alaskan dengan pelapik kertas.
c) Dalam mangkuk besar, satukan kepingan dedak, tepung, kismis, gula dan garam.
d) Dalam mangkuk sederhana, campurkan jus oren segar dan minyak.
e) Tuangkan bahan basah ke dalam bahan kering dan gaul sehingga sebati.
f) Sudukan adunan ke dalam tin muffin yang disediakan, penuhkan cawan kira-kira dua pertiga penuh.
g) Bakar sehingga perang keemasan dan pencungkil gigi yang dimasukkan ke dalam muffin keluar bersih, kira-kira 20 minit.
h) Hidangkan muffin hangat.

## 14. Bungkus Sarapan Maghribi

**BAHAN-BAHAN:**
- Bungkus bijirin penuh atau roti rata
- Hummus
- Salmon salai
- Timun, dihiris nipis
- Dill segar, dicincang

**ARAHAN:**
a) Sapukan hummus secara merata ke atas bungkus bijirin penuh.
b) Lapiskan salmon salai dan timun yang dihiris nipis.
c) Taburkan dengan dill segar yang dicincang.
d) Gulung bungkus dengan ketat dan potong separuh.

## 15. Hash Moroccan Dua Kentang

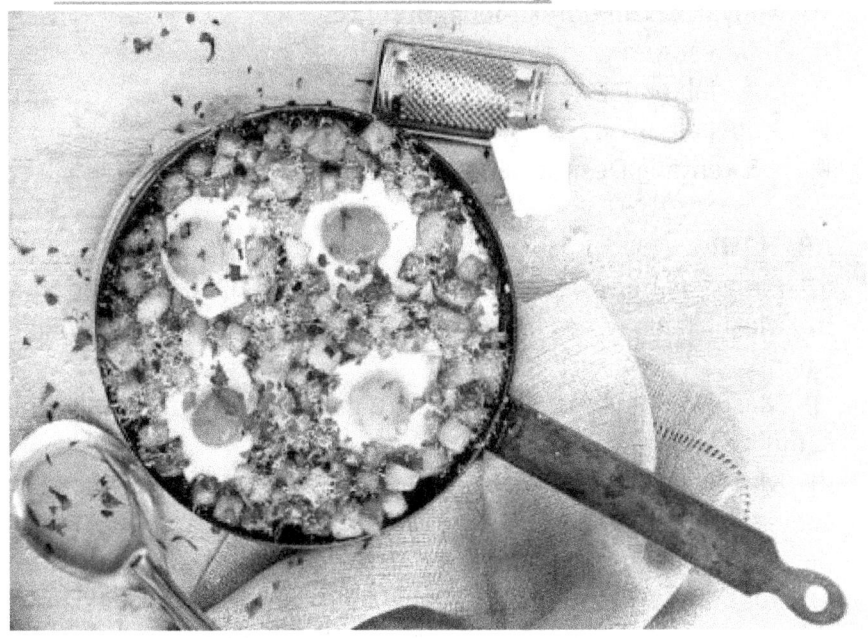

**BAHAN-BAHAN:**
- Minyak zaitun untuk menggoreng
- ½ bawang, cincang kasar
- 80g kiub pancetta salai
- 1 ubi keledek besar, potong 2cm kiub
- 2-3 kentang Désirée sederhana, potong 2cm kiub

**ARAHAN:**

a) Panaskan minyak zaitun dalam kuali besar di atas api sederhana.

b) Masukkan bawang besar yang dicincang kasar dan tumis hingga lut sinar.

c) Masukkan kiub pancetta salai ke dalam kuali dan masak sehingga ia mula perang.

d) Masukkan keledek dan kentang Désirée ke dalam kuali. Masak sehingga kentang empuk dan mempunyai kerak perang keemasan (kira-kira 15 minit).

e) Buat empat telaga dalam hash dan pecahkan telur ke dalam setiap telaga. Tutup kuali dan masak sehingga telur masak mengikut citarasa anda.

f) Hiaskan dengan parmesan parut halus dan pasli daun rata segar yang dicincang.

# 16. Muffin Telur Maghribi

**BAHAN-BAHAN:**
- 6 biji telur besar
- ½ cawan tomato ceri, dipotong dadu
- ½ cawan bayam, dicincang
- ¼ cawan keju feta, hancur
- 1 sudu besar zaitun hitam, dihiris

**ARAHAN:**

a) Panaskan ketuhar hingga 375°F (190°C). Griskan loyang muffin dengan minyak zaitun atau gunakan pelapik kertas.

b) Dalam mangkuk, pukul telur bersama-sama. Perasakan dengan garam dan lada sulah.

c) Dalam kuali, tumis tomato ceri, bayam, dan lada benggala merah dalam minyak zaitun sehingga lembut.

d) Agihkan sayur tumis tadi ke dalam loyang muffin yang telah disediakan.

e) Tuangkan telur kocok ke atas sayur-sayuran dalam setiap cawan muffin.

f) Taburkan keju feta yang telah hancur, buah zaitun hitam yang dihiris dan pasli segar yang dicincang di atas setiap mufin telur.

g) Bakar dalam ketuhar yang telah dipanaskan selama 15-20 minit atau sehingga telur ditetapkan dan bahagian atasnya berwarna perang keemasan.

h) Biarkan muffin telur sejuk selama beberapa minit sebelum mengeluarkannya dari tin muffin.

# 17. Mangkuk Dewi Yunani

**BAHAN-BAHAN:**
- 1 cawan quinoa atau bulgur yang dimasak
- 1 cawan tomato ceri, dibelah dua
- 1 timun, potong dadu
- ½ cawan buah zaitun Kalamata, diadu dan dihiris
- ½ cawan keju feta, hancur

**ARAHAN:**

a) Dalam mangkuk besar, gabungkan quinoa atau bulgur yang telah dimasak, tomato ceri, timun, buah zaitun Kalamata dan keju feta yang telah hancur.

b) Bahagikan adunan kepada dua mangkuk.

c) Hiaskan dengan pasli segar jika dikehendaki.

d) Hidangkan segera dan nikmati Mangkuk Dewi Yunani anda yang dipermudahkan!

## 18. Pine Nut Overnight Oatmeal

**BAHAN-BAHAN:**
- 1 cawan oat gulung kuno
- 1 cawan yogurt Yunani
- 1 cawan susu (tenusu atau berasaskan tumbuhan)
- 2 sudu besar madu
- 2 sudu besar kacang pain, dibakar

**ARAHAN:**
a) Dalam mangkuk, gabungkan oat gulung, yogurt Yunani, susu, madu dan ekstrak vanila. Kacau hingga sebati.
b) Lipat dalam kacang pain panggang.
c) Bahagikan adunan kepada dua balang atau bekas kedap udara.
d) Tutup balang atau bekas dan simpan dalam peti sejuk semalaman atau sekurang-kurangnya 4 jam untuk membolehkan oat menjadi lembut dan rasa bercampur.
e) Sebelum dihidangkan, beri oatmeal semalaman kacau dengan baik. Jika terlalu pekat, anda boleh menambah percikan susu untuk mencapai konsistensi yang anda inginkan.

# 19. Kacau Bayam dan Telur

**BAHAN-BAHAN:**
- 4 biji telur besar
- 2 cawan bayam segar, dicincang
- 1 sudu besar minyak zaitun
- ½ bawang, dicincang halus
- Garam dan lada sulah secukup rasa

**ARAHAN:**
a) Dalam mangkuk, pukul telur dan perasakan dengan garam dan lada sulah.
b) Panaskan minyak zaitun dalam kuali dengan api sederhana.
c) Masukkan bawang besar cincang dan tumis hingga layu.
d) Masukkan bawang putih cincang dan bayam cincang ke dalam kuali. Masak sehingga bayam layu.
e) Tuangkan telur yang telah dipukul ke dalam kuali di atas campuran bayam.
f) Kacau telur perlahan-lahan dengan spatula sehingga masak tetapi masih lembab.
g) Keluarkan kuali dari api.
h) Pilihan: Jika dikehendaki, taburkan keju feta yang hancur di atas telur dan kacau hingga sebati.
i) Hiaskan dengan tomato ceri separuh dan pasli segar yang dicincang.
j) Hidangkan Bayam dan Scramble Telur panas-panas dan nikmatilah!

## 20.Feta dan Tomato Scramble

**BAHAN-BAHAN:**
- Telur
- Keju feta, hancur
- Tomato ceri, potong dadu
- Basil segar, dicincang
- Minyak zaitun

**ARAHAN:**
a) Dalam mangkuk, pukul telur dan perasakan dengan garam dan lada sulah.
b) Panaskan minyak zaitun dalam kuali dan kacau telur.
c) Masukkan feta yang telah hancur dan tomato ceri yang telah dipotong dadu.
d) Masak sehingga telur masak sepenuhnya.
e) Taburkan dengan basil cincang segar sebelum dihidangkan.

## 21.Ceri dan ricotta Tartine

**BAHAN-BAHAN:**
- 2 keping roti bijirin penuh, dibakar
- ½ cawan keju ricotta
- 1 cawan ceri segar, diadu dan dibelah dua
- 1 sudu besar madu
- 1 sudu besar pistachio cincang

**ARAHAN:**

a) Bakar hirisan roti gandum mengikut citarasa anda.

b) Sapukan lapisan keju ricotta yang banyak pada setiap keping roti bakar.

c) Hiaskan ricotta dengan bahagian ceri segar, susunkannya sama rata.

d) Siramkan madu ke atas ceri, pastikan ia sekata.

e) Taburkan pistachio yang dicincang di atas tartines untuk menambah kerangupan dan rasa.

## 22. Tomato dan Omelet Feta

**BAHAN-BAHAN:**
- 2 sudu teh minyak zaitun
- 4 biji telur, dipukul
- 8 biji tomato ceri, dicincang
- 50g keju feta, hancur
- daun salad campur, untuk dihidangkan (pilihan)

**ARAHAN:**

a) Panaskan minyak dalam kuali, masukkan telur dan masak sambil diputar sekali sekala. Selepas beberapa minit, taburkan feta dan tomato. Masak selama satu minit lagi sebelum dihidangkan.

b) Panaskan minyak dalam kuali bertutup, kemudian masak bawang besar, cili, bawang putih dan tangkai ketumbar selama 5 minit sehingga lembut. Masukkan tomato, kemudian reneh selama 8-10 minit.

c) Menggunakan bahagian belakang sudu besar, buat 4 celup dalam sos, kemudian pecahkan telur ke dalam setiap satunya. Letakkan penutup di atas kuali, kemudian masak dengan api perlahan selama 6-8 minit, sehingga telur masak mengikut citarasa anda.

d) Taburkan dengan daun ketumbar dan hidangkan bersama roti.

## 23. Yogurt Yunani dengan Madu dan Kacang

**BAHAN-BAHAN:**
- Yogurt Yunani
- Sayang
- Badam, dicincang
- Walnut, dicincang
- Beri segar (pilihan)

**ARAHAN:**
a) Sudukan yogurt Greek ke dalam mangkuk.
b) Tuangkan madu ke atas yogurt.
c) Taburkan badam cincang dan walnut di atasnya.
d) Tambah beri segar jika mahu.

## 24. Mangkuk Sarapan Maghribi

**BAHAN-BAHAN:**
- Quinoa yang dimasak
- Hummus
- Timun, potong dadu
- Tomato ceri, dibelah dua
- Buah zaitun Kalamata, dihiris

**ARAHAN:**
a) Sudukan quinoa yang dimasak ke dalam mangkuk.
b) Tambah dollops hummus.
c) Taburkan timun yang dipotong dadu, tomato ceri yang dibelah dua dan buah zaitun Kalamata yang dihiris.
d) Gaul sebati sebelum dinikmati.

## 25. Kopi Berempah Maghribi

**BAHAN-BAHAN:**
- ¼ sudu teh kayu manis tanah
- ⅛ sudu teh buah pelaga yang dikisar
- 1 cawan kopi yang dibancuh kuat
- ⅛ sudu teh bunga cengkih yang dikisar
- ¼ sudu teh pala tanah
- Gula atau madu secukup rasa (pilihan)
- Susu atau krim (pilihan)

**ARAHAN:**
a) Mulakan dengan menyediakan bancuhan kopi yang mantap menggunakan pembuat kopi pilihan anda. Dapatkan biji kopi yang baru dikisar untuk merasai kesegaran sepenuhnya dalam rasa.
b) Semasa kopi dalam proses membancuh, buat adunan rempah.
c) Satukan kayu manis yang dikisar, buah pelaga yang dikisar, bunga cengkih yang dikisar dan buah pala yang dikisar dalam mangkuk kecil. Campurkan rempah ini dengan teliti.
d) Sebaik sahaja kopi disediakan, pindahkan ke dalam cawan kopi.
e) Taburkan adunan rempah ke atas kopi yang baru dibancuh.
f) Laraskan kuantiti rempah untuk diselaraskan dengan citarasa anda. Anda boleh mulakan dengan ukuran yang disediakan dan tambah lagi untuk penyerapan rempah yang lebih berani.
g) Jika mahu, maniskan Kopi Berempah Maghribi anda dengan gula atau madu mengikut citarasa anda.
h) Kacau sehingga pemanis larut sepenuhnya.
i) Untuk sentuhan berkrim, pertimbangkan untuk menambah sedikit susu atau krim pada peringkat ini.
j) Kacau kopi dengan kuat untuk meratakan rempah dan pemanis.
k) Nikmati Kopi Berempah Maghribi anda semasa ia panas.

## 26. Salad Alpukat dan Tomato Maghribi

**BAHAN-BAHAN:**
- 2 buah alpukat masak, dipotong dadu
- 2 biji tomato, potong dadu
- 1/4 cawan bawang merah, dicincang halus
- 2 sudu besar pasli segar, dicincang
- 1 sudu besar minyak zaitun
- 1 sudu besar jus lemon
- Garam dan lada sulah, secukup rasa

**ARAHAN:**
a) Dalam mangkuk, satukan alpukat yang dipotong dadu, tomato, bawang merah dan pasli segar.
b) Dalam mangkuk kecil, pukul bersama minyak zaitun, jus lemon, garam, dan lada sulah.
c) Tuangkan dressing ke atas salad dan kacau perlahan-lahan hingga sebati.
d) Hidangkan segera sebagai ulam yang menyegarkan.

## 27. Msemen Maghribi (Pakek Persegi)

**BAHAN-BAHAN:**
- 3 cawan tepung serba guna
- 1 cawan semolina halus
- 1 sudu teh garam
- 1 sudu besar gula
- 1 sudu besar yis
- 1 1/2 hingga 2 cawan air suam
- Minyak zaitun untuk memberus

**ARAHAN:**
a) Dalam mangkuk besar, campurkan tepung, semolina, garam, gula dan yis.
b) Masukkan air suam secara beransur-ansur dan uli sehingga anda mendapat doh yang lembut dan elastik.
c) Bahagikan doh kepada bahagian sebesar bola golf.
d) Ratakan setiap bola menjadi segi empat sama nipis atau segi empat tepat.
e) Sapu setiap sisi petak dengan minyak zaitun.
f) Masak petak pada griddle atau kuali panas sehingga perang keemasan di kedua-dua belah.
g) Hidangkan hangat dengan madu atau jem.

# KUDAPAN DAN PEMBUAT SELERA

## 28. Moroccan Hummus dengan Harissa

**BAHAN-BAHAN:**
- 1 tin (15 oz) kacang ayam, toskan dan bilas
- 3 sudu besar tahini
- 2 ulas bawang putih, dikisar
- 2 sudu besar minyak zaitun
- Jus 1 lemon
- 1 sudu teh jintan kisar
- Garam dan lada sulah secukup rasa
- Pes Harissa untuk hiasan
- Pasli segar yang dicincang untuk hiasan

**ARAHAN:**
a) Dalam pemproses makanan, gabungkan kacang ayam, tahini, bawang putih, minyak zaitun, jus lemon, jintan putih, garam dan lada.
b) Kisar sehingga licin dan berkrim.
c) Pindahkan hummus ke mangkuk hidangan.
d) Buat perigi di tengah dan tambahkan secebis pes harissa.
e) Hiaskan dengan pasli cincang.
f) Hidangkan dengan roti pita atau batang sayur.

## 29. Kurma Sumbat Maghribi

**BAHAN-BAHAN:**
- Kurma Medjool, diadu
- Keju kambing berkrim
- Walnut atau badam, keseluruhan atau separuh
- Madu untuk gerimis
- Kayu manis dikisar untuk taburan

**ARAHAN:**

a) Ambil setiap kurma yang telah diadu dan sumbatkan dengan sedikit keju kambing berkrim.

b) Tekan walnut atau badam ke dalam keju.

c) Susun kurma yang disumbat di atas pinggan hidangan.

d) Siramkan madu ke atas kurma.

e) Taburkan dengan kayu manis tanah.

f) Hidangkan sebagai snek Maghribi yang manis dan berperisa.

## 30. Bayam Maghribi dan Feta Briouats

**BAHAN-BAHAN:**
- 1 cawan bayam masak, cincang dan toskan
- 1/2 cawan keju feta hancur
- 1/4 cawan cilantro segar yang dicincang
- 1/4 cawan bawang hijau dicincang
- 1 sudu teh jintan kisar
- Garam dan lada sulah secukup rasa
- Lembaran doh Phyllo
- Mentega cair untuk memberus

**ARAHAN:**

a) Panaskan ketuhar hingga 375°F (190°C).

b) Dalam mangkuk, campurkan bersama bayam yang telah dimasak, keju feta, ketumbar, bawang hijau, jintan manis, garam dan lada sulah.

c) Ambil lembaran doh phyllo dan sapu sedikit dengan mentega cair.

d) Letakkan satu sudu campuran bayam dan feta pada satu hujung helaian phyllo.

e) Lipat phyllo di atas inti untuk membentuk segitiga.

f) Teruskan lipat menjadi bentuk segi tiga.

g) Letakkan briouat di atas loyang dan sapu bahagian atasnya dengan mentega cair.

h) Bakar dalam ketuhar yang telah dipanaskan selama 15-20 minit atau sehingga perang keemasan.

i) Biarkan sejuk sedikit sebelum dihidangkan.

## 31.Sosej Merguez Maghribi

**BAHAN-BAHAN:**
- 2 sudu kecil biji jintan manis
- 2 sudu teh biji adas
- 2 sudu kecil biji ketumbar
- 2 sudu besar paprika
- 3 sudu kecil lada cayenne kisar
- 1 sudu teh kayu manis tanah
- 1 sudu teh sumac tanah (pilihan)
- 3 paun kambing kisar
- 1/2 cawan minyak zaitun extra virgin
- 1 cawan ketumbar segar, dicincang halus
- 1/2 cawan daun pudina segar, dikisar halus 6 ulas bawang putih besar, dikisar halus 4 sudu teh garam halal

**ARAHAN:**

a) Dalam kuali bahagian bawah yang berat atau kuali besi tuang, satukan jintan manis, adas, dan biji ketumbar dan bakar dengan api sederhana selama 2 minit atau sehingga naik bau. Biarkan sejuk sedikit, kemudian kisar dalam pengisar rempah hingga halus dan serbuk. (Nota: Anda juga boleh menggunakan rempah kisar dan bukannya keseluruhan, tetapi rasa akan lebih baik dengan rempah keseluruhan)

b) Satukan rempah panggang yang dikisar dengan paprika, cayenne, kayu manis dan sumac. Dalam mangkuk besar, satukan rempah dengan kambing kisar, minyak, daun ketumbar, pudina, bawang putih, dan garam dan gaul sehingga sebati (saya menggunakan pengadun saya untuk memastikan semuanya sekata.)

c) Jika mahu, goreng sedikit daging dalam kuali dan rasa untuk memeriksa rasa. Sesuaikan perasa mengikut kehendak.

d) Untuk membentuk, gulungkan campuran kambing berperisa ke dalam tiub kecil, kira-kira 4 inci panjang dengan lebar 1 inci. Anda juga boleh membuat patties, jika mahu. Sosej boleh dimasak segera, atau anda boleh membungkus dan membekukan selama-lamanya. Untuk memasak, panggang sosej atau masak di atas kuali sehingga masak.

## 32. Kebab Hati Maghribi

**BAHAN-BAHAN:**
- 8 auns lemak buah pinggang, pilihan tetapi dinasihatkan, dipotong menjadi kiub
- 2.2 paun hati anak lembu atau kambing segar (sebaik-baiknya hati anak lembu), keluarkan membran lutsinar, potong kiub ¾ inci

**PERAP**
- 2 sudu besar paprika manis yang dikisar
- 2 sudu kecil garam
- 1 sudu teh jintan kisar

**UNTUK BERKHIDMAT**
- 2 sudu teh jintan kisar
- 2 sudu kecil lada cayenne (pilihan)
- 2 sudu kecil garam

**Arah :**
a) Letakkan hati dan lemak dalam mangkuk dan toskan dengan baik.
b) Taburkan paprika, garam, dan jintan manis di atasnya dan toskan sekali lagi sehingga bersalut.
c) Tutup mangkuk dan sejukkan selama 1 - 8 jam.
d) 30 minit sebelum memanggang, keluarkan mangkuk dari peti sejuk.
e) Sediakan gril anda dan panaskan pada api sederhana tinggi.
f) Betulkan kiub hati secara berselang-seli dengan kiub lemak buah pinggang pada lidi, tanpa meninggalkan sebarang jurang di antaranya. Letakkan kira-kira 6 - 8 kiub hati pada setiap lidi.
g) Letakkan lidi yang disediakan di atas panggangan dan panggang selama kira-kira 8 - 10 minit, pusingkan dengan kerap. Hati harus dimasak dengan baik di dalam dan kenyal apabila anda menekannya.
h) Hidangkan panas.

## 33. Burger Sayur Keladi Maghribi

**BAHAN-BAHAN:**
- 1.5 cawan keladi parut
- 2 ulas bawang putih, dikupas
- ¾ cawan daun ketumbar segar
- 1 keping halia segar, dikupas
- 15-auns tin kacang ayam, toskan dan bilas
- 2 sudu besar rami kisar dicampur dengan 3 sudu besar air
- ¾ cawan oat gulung, dikisar menjadi tepung
- ½ sudu besar minyak bijan
- 1 sudu besar amino kelapa atau tamari rendah natrium
- ½-¾ sudu teh garam laut bijirin halus atau garam Himalaya merah jambu, secukup rasa
- Lada hitam yang baru dikisar, secukup rasa
- 1 ½ sudu kecil serbuk cili
- 1 sudu kecil jintan manis
- ½ sudu teh ketumbar
- ¼ sudu teh kayu manis
- ¼ sudu teh kunyit
- ½ cawan sos tahini cilantro-limau

**ARAHAN:**
a) Panaskan ketuhar hingga 350F. Lapik loyang dengan sekeping kertas parchment.
b) Kupas keladi. Dengan menggunakan lubang parut bersaiz biasa, parut keladi sehingga anda mempunyai 1 ½ cawan yang dibungkus ringan. Letakkan ke dalam mangkuk.
c) Keluarkan lampiran parut dari pemproses makanan, dan tambah bilah "s" biasa. Kisar bawang putih, ketumbar dan halia hingga dicincang halus.
d) Masukkan kacang ayam yang telah ditoskan dan proses lagi sehingga dicincang halus, tetapi biarkan sedikit tekstur. Masukkan adunan ini ke dalam mangkuk.
e) Dalam mangkuk, kacau bersama campuran rami dan air.
f) Kisar oat menjadi tepung menggunakan pengisar atau pemproses makanan. Atau anda boleh menggunakan ¾ cawan + 1 sudu besar tepung oat pra-kisar. Kacau ini ke dalam campuran bersama dengan campuran rami.
g) Sekarang kacau dalam minyak, aminos / tamari, garam / lada, dan rempah sehingga sebati. Sesuaikan dengan rasa jika mahu.
h) Bentukkan 6-8 patties, bungkus adunan bersama-sama. Letakkan di atas loyang.
i) Bakar selama 15 minit, kemudian terbalikkan dengan teliti, dan bakar selama 18-23 minit lagi sehingga keemasan dan padat. Sejukkan atas kuali.

## 34. Tomato Sumbat

**BAHAN-BAHAN:**
- 8 tomato kecil, atau 3 tomato besar
- 4 biji telur rebus, disejukkan dan dikupas
- 6 sudu besar Aioli atau mayonis
- Garam dan lada
- 1 sudu besar pasli, dicincang

**ARAHAN:**

a) Celupkan tomato ke dalam besen berisi air ais atau sangat sejuk selepas mengulitinya dalam periuk air mendidih selama 10 saat.

b) Potong bahagian atas tomato. Menggunakan satu sudu teh atau pisau kecil yang tajam, kikis biji dan bahagian dalam.

c) Tumbuk telur dengan Aioli (atau mayonis), garam, lada sulah, dan pasli dalam mangkuk adunan.

d) Isi tomato dengan inti, tekan dengan kuat. Gantikan penutup pada tomato kecil pada sudut yang cerah.

e) Isi tomato ke bahagian atas, tekan dengan kuat sehingga ia rata. Sejukkan selama 1 jam sebelum dihiris menjadi cincin menggunakan pisau ukiran yang tajam.

f) Hiaskan dengan pasli.

## 35. Labneh dengan Minyak Zaitun dan Za'atar

**BAHAN-BAHAN:**
- Labneh (yogurt yang ditapis)
- Minyak zaitun extra virgin
- Campuran rempah Za'atar
- Roti pita atau keropok bijirin penuh
- Daun pudina segar untuk hiasan

**ARAHAN:**
a) Letakkan labneh dalam mangkuk.
b) Siram dengan minyak zaitun.
c) Taburkan rempah Za'atar di atasnya.
d) Hidangkan bersama roti pita atau keropok.
e) Hiaskan dengan daun pudina segar.

## 36. Goreng Ikan Kod Garam Dengan Aioli

**BAHAN-BAHAN:**
- 1 paun ikan tongkol garam, direndam
- 3 ½ auns serbuk roti putih kering
- ¼ paun kentang tepung, rebus dan tumbuk
- Minyak zaitun, untuk menggoreng cetek
- Aioli

**ARAHAN:**
a) Dalam periuk, satukan susu dan separuh daripada daun bawang, masak sehingga mendidih, dan rebus ikan tongkol yang direndam selama 10-15 minit sehingga ia mudah mengelupas. Keluarkan tulang dan kulit, kemudian serpikan ikan kod ke dalam mangkuk.

b) Masukkan 4 sudu besar kentang tumbuk bersama ikan kod dan satukan dengan senduk kayu.

c) Kerjakan dalam minyak zaitun, kemudian masukkan kentang lecek yang tinggal secara beransur-ansur. Satukan baki daun bawang dan pasli dalam mangkuk adunan.

d) Perasakan dengan jus lemon dan lada sulah secukup rasa.

e) Pukul sebiji telur sehingga sebati dalam mangkuk yang berasingan, kemudian sejukkan sehingga pejal.

f) Canai adunan ikan yang telah sejuk tadi menjadi 12-18 bebola, kemudian ratakan perlahan-lahan menjadi kek bulat kecil. Tepung setiap satu, celupkan ke dalam telur yang telah dipukul, dan salutkan dengan serbuk roti kering. Sejukkan sehingga sedia untuk digoreng.

g) Dalam kuali besar dan berat, panaskan minyak kira-kira ¾ inci. Masak goreng selama kira-kira 4 minit dengan api sederhana tinggi.

h) Balikkan dan masak selama 4 minit lagi, atau sehingga garing dan keemasan di bahagian lain.

i) Toskan pada tuala kertas sebelum dihidangkan dengan Aioli.

# 37. Kroket Udang

**BAHAN-BAHAN:**
- 3 ½ auns mentega
- 4 auns tepung biasa
- 1 ¼ pain susu sejuk
- 14 auns udang masak kupas, potong dadu
- Minyak zaitun untuk menggoreng

**ARAHAN:**

a) Dalam periuk sederhana, cairkan mentega dan tambah tepung, kacau sentiasa.

b) Perlahan-lahan tuangkan susu sejuk, kacau sentiasa, sehingga anda mendapat sos yang pekat dan licin.

c) Masukkan udang, perasakan dengan garam dan lada sulah, kemudian masukkan pes tomato. Masak selama 7 hingga 8 minit lagi.

d) Ambil sedikit sudu adunan dan gulungkannya ke dalam silinder 1 ½ - 2 inci untuk membentuk kroket.

e) Dalam kuali yang besar dan berdasar berat, panaskan minyak untuk menggoreng sehingga mencapai suhu 350°F atau kiub roti bertukar menjadi perang keemasan dalam 20-30 saat.

f) Goreng kroket selama kira-kira 5 minit dalam kelompok tidak lebih daripada 3 atau 4 sehingga perang keemasan.

g) Menggunakan sudu berlubang, keluarkan kroket, toskan di atas kertas dapur, dan hidangkan segera.

# 38.Goreng Udang Rangup

**BAHAN-BAHAN:**
- ½ paun udang kecil, dikupas
- 1½ cawan kacang ayam atau tepung biasa
- 1 sudu besar pasli daun rata segar yang dicincang
- 3 daun bawang, bahagian putih dan sedikit bahagian atas hijau lembut, dicincang halus
- ½ sudu teh paprika/pimenton manis

**ARAHAN:**

a) Masak udang dalam periuk dengan air yang cukup untuk menutupinya dan biarkan mendidih dengan api yang tinggi.

b) Dalam mangkuk, satukan tepung, pasli, daun bawang, dan pimentón untuk menghasilkan adunan. Masukkan secubit garam dan air masak yang telah disejukkan.

c) Kisar atau proses sehingga anda mempunyai tekstur sedikit lebih tebal daripada adunan pancake. Sejukkan selama 1 jam.

d) Kisar halus udang.

e) Keluarkan adunan dari peti ais dan masukkan udang cincang.

f) Dalam kuali tumis yang berat, panaskan minyak zaitun dengan api yang tinggi sehingga hampir berasap.

g) Tuangkan 1 sudu besar adunan ke dalam minyak untuk setiap goreng, ratakan menjadi diameter 3 ½ inci.

h) Goreng selama kira-kira 1 minit pada setiap sisi, atau sehingga goreng keemasan dan garing.

i) Keluarkan goreng menggunakan sudu berlubang dan letakkan di atas pinggan kalis ketuhar.

j) Hidangkan segera.

# 39. Cumi Dengan Rosemary Dan Minyak Cili

**BAHAN-BAHAN:**
- 1 paun cumi segar, dibersihkan dan dihiris menjadi cincin
- ½ cawan minyak zaitun
- 2 ulas bawang putih, dikisar
- 1 sudu besar rosemary segar, dicincang halus
- 1 sudu kecil cili padi (sesuaikan ikut citarasa)

**ARAHAN:**

a) Panaskan minyak zaitun dalam kuali besar di atas api sederhana.

b) Masukkan bawang putih cincang, rosemary cincang, dan kepingan cili merah ke dalam kuali. Masak selama 1-2 minit sehingga bawang putih naik bau.

c) Masukkan cumi yang dihiris ke dalam kuali, kacau untuk menyalutinya dalam minyak berperisa. Masak selama 2-3 minit atau sehingga cumi menjadi legap dan baru masak.

d) Perasakan dengan garam dan lada sulah secukup rasa.

e) Keluarkan kuali dari haba dan pindahkan cumi ke dalam pinggan hidangan.

f) Renjiskan sebarang minyak berperisa yang tinggal di atas cumi.

g) Hiaskan dengan pasli segar yang dicincang dan hidangkan panas dengan hirisan lemon di sebelah.

## 40.Salad Tortellini

**BAHAN-BAHAN:**
- 1 paket tortellini keju tiga warna
- ½ cawan pepperoni potong dadu
- ¼ cawan daun bawang yang dihiris
- 1 lada benggala hijau dipotong dadu
- 1 cawan tomato ceri separuh

**ARAHAN:**
a) Masak tortellini mengikut arahan pakej, kemudian toskan.
b) Toskan tortellini dengan pepperoni yang dipotong dadu, daun bawang yang dihiris, lada benggala hijau yang dipotong dadu, tomato ceri yang dibelah dua dan sebarang bahan tambahan yang dikehendaki dalam mangkuk adunan yang besar.
c) Siramkan dressing Itali di atas.
d) Gaulkan semuanya untuk digabungkan.
e) Ketepikan selama 2 jam untuk disejukkan sebelum dihidangkan.

## 41.Salad Pasta Caprese

**BAHAN-BAHAN:**
- 2 cawan pasta penne yang dimasak
- 1 cawan pesto
- 2 biji tomato cincang
- 1 cawan keju mozzarella potong dadu
- Garam dan lada sulah secukup rasa

**ARAHAN:**
a) Masak pasta mengikut arahan pakej, kemudian toskan.
b) Dalam mangkuk adunan yang besar, satukan pasta dengan pesto, tomato cincang dan keju mozzarella yang dipotong dadu.
c) Perasakan dengan garam, lada sulah, dan oregano.
d) Tuangkan cuka wain merah di atas.
e) Ketepikan selama 1 jam di dalam peti sejuk sebelum dihidangkan.

## 42. Roti Bakar Balsamic

**BAHAN-BAHAN:**
- 1 cawan tomato Roma yang dibuang biji dan dipotong dadu
- ¼ cawan basil cincang
- ½ cawan keju pecorino yang dicincang
- 1 ulas bawang putih kisar
- 1 sudu besar cuka balsamic

**ARAHAN:**

a) Dalam hidangan adunan, gabungkan tomato dadu, basil cincang, keju pecorino yang dicincang, dan bawang putih cincang.

b) Dalam mangkuk adunan kecil, pukul bersama cuka balsamic dan 1 sudu besar minyak zaitun; mengetepikan.

c) Lumurkan hirisan roti Perancis dengan minyak zaitun dan taburkan serbuk bawang putih dan selasih.

d) Letakkan kepingan roti di atas loyang dan bakar selama 5 minit pada suhu 350 darjah.

e) Keluarkan dari ketuhar dan letakkan di atas roti panggang dengan campuran tomato dan keju.

f) Jika perlu, perasakan dengan garam dan lada sulah.

g) Hidangkan segera.

## 43. Bola Piza

**BAHAN-BAHAN:**
- 1 paun sosej kisar hancur
- 2 cawan campuran Bisquick
- 1 biji bawang besar dicincang
- 3 ulas bawang putih kisar
- 2 cawan keju mozzarella yang dicincang

**ARAHAN:**
a) Panaskan ketuhar hingga 400 darjah Fahrenheit.
b) Campurkan sosej yang dikisar, adunan Bisquick, bawang cincang, bawang putih cincang dan keju mozzarella yang dicincang dalam mangkuk.
c) Tambah hanya air yang mencukupi untuk membuat adunan berfungsi.
d) Canai adunan menjadi bebola 1 inci.
e) Letakkan bebola pada lembaran pembakar yang disediakan.
f) Gerimis keju parmesan di atas bebola pizza.
g) Bakar dalam ketuhar yang telah dipanaskan pada 350°F selama 20 minit.
h) Hidangkan dengan baki sos pizza di tepi untuk dicelup.

## 44. Gigitan Kerang dan Prosciutto

**BAHAN-BAHAN:**
- ½ cawan prosciutto yang dihiris nipis
- 3 Sudu besar keju krim
- 1 paun kerang
- 3 Sudu besar minyak zaitun
- 3 ulas bawang putih kisar

**ARAHAN:**

a) Sapukan salutan kecil keju krim pada setiap kepingan prosciutto.

b) Seterusnya, bungkus sekeping prosciutto di sekeliling setiap kerang dan selamatkannya dengan pencungkil gigi.

c) Dalam kuali, panaskan minyak zaitun.

d) Masak bawang putih selama 2 minit dalam kuali.

e) Masukkan kerang yang dibalut dengan kerajang dan masak selama 2 minit pada setiap sisi.

f) Perah lebihan cecair dengan tuala kertas.

## 45. Terung dengan Madu

**BAHAN-BAHAN:**
- 3 Sudu Besar Madu
- 3 biji terung
- 2 cawan Susu
- 1 sudu besar garam
- 100g Tepung

**ARAHAN:**

a) Hiris nipis-nipis terung.

b) Dalam hidangan adunan, satukan terung. Tuangkan susu secukupnya ke dalam besen untuk menutupi terung sepenuhnya. Perasakan dengan secubit garam.

c) Biarkan selama sekurang-kurangnya satu jam untuk berendam.

d) Keluarkan terung daripada susu dan ketepikan. Salut setiap kepingan dengan tepung dan campuran garam dan lada.

e) Dalam kuali, panaskan minyak zaitun. Goreng hirisan terung pada suhu 180 darjah C.

f) Letakkan terung goreng di atas tuala kertas untuk menyerap lebihan minyak.

g) Siramkan terung dengan madu.

h) Hidangkan segera.

# 46. Lada Merah Panggang dan Feta Dip

**BAHAN-BAHAN:**
- 1 cawan lada merah panggang (dari balang), toskan
- 1/2 cawan keju feta, hancur
- 2 sudu besar minyak zaitun dara tambahan
- 1 sudu teh oregano kering
- 1 ulas bawang putih, dikisar

**ARAHAN:**
a) Dalam pemproses makanan, campurkan lada merah panggang, feta, minyak zaitun, bawang putih cincang, dan oregano sehingga halus.
b) Pindahkan ke mangkuk hidangan.
c) Hidangkan dengan kerepek pita atau batang sayur.

## 47.Kebab Daging Lembu Sepanyol -Maghribi

**BAHAN-BAHAN:**
- ½ cawan jus oren
- 2 sudu teh minyak zaitun
- 1½ sudu teh jus lemon
- 1 sudu teh oregano kering
- 10 auns daging lembu tanpa tulang, dipotong menjadi 2" kiub

**ARAHAN:**

a) Untuk membuat perapan, gabungkan jus oren, minyak zaitun, jus lemon, dan oregano kering dalam mangkuk.

b) Masukkan kiub daging lembu ke dalam perapan, toskan hingga bersalut. Sejukkan sekurang-kurangnya 2 jam atau semalaman.

c) Panaskan gril dan salutkan rak dengan semburan masak tidak melekat.

d) Masukkan kiub daging lembu yang telah diperap pada lidi.

e) Bakar kebab selama 15-20 minit, putar dan sapu dengan bahan perapan yang telah disediakan dengan kerap, sehingga masak mengikut citarasa anda.

f) Hidangkan panas.

## 48. Hummus Avocado Maghribi

**BAHAN-BAHAN:**
- 1 cawan hummus
- 1 buah alpukat masak, dipotong dadu
- 1 sudu besar jus lemon
- 1 sudu besar pasli segar yang dicincang
- 1 sudu besar kacang pain (pilihan)

**ARAHAN:**
a) Dalam mangkuk, lipat perlahan-lahan alpukat dadu ke dalam hummus.
b) Tuangkan jus lemon ke atas campuran.
c) Taburkan dengan pasli cincang dan kacang pain.
d) Hidangkan bersama keropok bijirin penuh atau hirisan timun.

## 49. Roti Bakar Tomato Maghribi

**BAHAN-BAHAN:**
- 4 biji tomato masak, potong dadu
- 1/4 cawan basil segar, dicincang
- 2 sudu besar minyak zaitun dara tambahan
- 1 ulas bawang putih, dikisar
- Garam dan lada sulah secukup rasa

**ARAHAN:**

a) Dalam mangkuk, satukan tomato dadu, basil cincang, bawang putih cincang, dan minyak zaitun.

b) Perasakan dengan garam dan lada sulah.

c) Biarkan adunan perap selama 15-20 minit.

d) Sudukan adunan tomato ke atas hirisan baguette panggang.

## 50. Campuran Popcorn Itali yang rangup

**BAHAN-BAHAN:**
- 10 cawan Popcorn meletus
- 3 cawan Makanan ringan jagung berbentuk bugle
- ¼ cawan Marjerin atau mentega
- 1 sudu kecil perasa Itali
- ⅓ cawan keju parmesan

**ARAHAN:**

a) Dalam mangkuk besar boleh microwave, gabungkan popcorn dan snek jagung.

b) Dalam ukuran selamat mikro 1 cawan, gabungkan bahan-bahan yang tinggal, kecuali keju.

c) Ketuhar gelombang mikro selama 1 minit pada HIGH, atau sehingga marjerin cair; kacau. Tuang adunan popcorn di atas.

d) Gaul sehingga semuanya sama rata. Ketuhar gelombang mikro, tidak bertutup, selama 2-4 minit, sehingga dibakar, kacau setiap minit. Keju parmesan hendaklah ditaburkan di atasnya.

e) Hidangkan panas.

## 51. Lada Merah dan Feta Dip

**BAHAN-BAHAN:**
- 1 cawan lada merah panggang (dibeli di kedai atau buatan sendiri)
- ½ cawan keju feta, hancur
- 1 ulas bawang putih, dikisar
- 1 sudu teh jus lemon
- Garam dan lada sulah secukup rasa

**ARAHAN:**
a) Dalam pemproses makanan, satukan semua bahan sehingga rata.
b) Hidangkan celup dengan cip pita bijirin penuh.

## 52. Moroccan Hummus Dip

**BAHAN-BAHAN:**
- 1 cawan hummus
- 2 sudu besar minyak zaitun dara tambahan
- 1 sudu kecil paprika
- 1 sudu besar pasli segar yang dicincang
- 1 ulas bawang putih, dikisar

**ARAHAN:**
a) Dalam mangkuk, campurkan hummus dan bawang putih cincang.
b) Tuangkan minyak zaitun ke atas hummus.
c) Taburkan paprika dan pasli cincang di atas.
d) Hidangkan dengan roti pita atau batang sayur segar.

## 53. Feta dan Olive Tapenade

**BAHAN-BAHAN:**
- 1 cawan buah zaitun Kalamata, diadu
- 1 cawan keju feta, hancur
- 2 sudu besar minyak zaitun dara tambahan
- 1 sudu teh oregano kering
- Perahan 1 lemon

**ARAHAN:**

a) Dalam pemproses makanan, gabungkan buah zaitun, feta, minyak zaitun dan oregano.

b) Denyut sehingga adunan mencapai konsistensi yang diingini.

c) Kacau dalam kulit limau.

d) Hidangkan bersama keropok atau baguette yang dihiris.

## 54. Daun Anggur Sumbat Maghribi

**BAHAN-BAHAN:**
- 1 balang daun anggur, toskan
- 1 cawan quinoa masak
- 1/2 cawan keju feta hancur
- 1/4 cawan buah zaitun Kalamata, dicincang
- 2 sudu besar minyak zaitun dara tambahan

**ARAHAN:**
a) Dalam mangkuk, campurkan quinoa, feta, dan buah zaitun Kalamata yang telah dicincang.
b) Letakkan sehelai daun anggur di atas permukaan rata, tambah satu sudu campuran quinoa, dan gulung ke dalam silinder yang ketat.
c) Ulang sehingga semua daun anggur terisi.
d) Tuangkan minyak zaitun ke atas daun anggur yang disumbat.
e) Hidangkan sejuk.

# HIDANGAN UTAMA

## 55. Baki Ayam Maghribi

**BAHAN-BAHAN:**
- 200g lobak merah bayi
- 2 biji bawang merah, dikupas dan setiap satu dipotong menjadi 8 bahagian
- 2 sudu besar minyak zaitun
- 2 sudu besar ras-el-hanout
- 200ml stok ayam
- 150g couscous
- 4 dada ayam, kulit pada
- 2 labu kuning
- 1 x 400g tin kacang ayam, toskan dan bilas
- 50ml air
- 4 sudu besar ketumbar dicincang
- Jus lemon, secukup rasa
- 15g pistachio digigit, dicincang kasar
- Garam laut dan lada hitam yang baru dikisar
- Kelopak bunga ros, untuk dihidangkan (pilihan)

**ARAHAN:**
a) Panaskan ketuhar kepada 220°C/200°C kipas/Gas 7.
b) Basuh lobak bayi, potong mana-mana yang lebih besar separuh memanjang. Letakkan dalam dulang pembakar besar dengan bawang. Siram dengan 1 sudu besar minyak zaitun dan taburkan lebih 1 sudu besar ras-el-hanout sehingga bersalut rata. Letakkan dalam ketuhar selama 10 minit.
c) Tuangkan stok ayam ke dalam kuali kecil, letakkan di atas api sederhana tinggi dan biarkan mendidih. Masukkan couscous ke dalam mangkuk dengan sedikit garam dan lada sulah. Tuangkan stok panas ke atasnya, tutup dengan filem berpaut dan ketepikan untuk menyerap cecair.
d) Ratakan kulit ayam dengan pisau tajam, kemudian perasakan dengan garam dan lada sulah dan taburkan pada ½ sudu besar ras-el-hanout.
e) Potong setiap courgette menjadi empat segi panjang dan kemudian menjadi 5cm panjang, kemudian taburkan dengan baki ½ sudu besar ras-el-hanout. Keluarkan dulang dari ketuhar dan masukkan courgettes dan kacang ayam. Letakkan dada ayam di atas dan renjiskan dengan baki sudu minyak zaitun. Masukkan air ke bahagian bawah kuali dan kembalikan ke ketuhar di atas rak tinggi selama 15 minit.
f) Sementara itu, buka tutup couscous dan kembangkan dengan garpu. Masukkan ketumbar, kemudian masukkan jus lemon dan garam dan lada sulah secukup rasa.
g) Keluarkan dulang pembakar dari ketuhar dan taburkan dengan pistachio dan kelopak mawar (jika menggunakan). Bawa ke meja dan hidangkan terus dari dulang.

## 56. Tagine Chickpea Maghribi

**BAHAN-BAHAN:**
- 2 sudu besar minyak zaitun
- 1 biji bawang besar, potong dadu
- 3 ulas bawang putih, dikisar
- 1 sudu teh jintan kisar
- 1 sudu teh ketumbar kisar
- ½ sudu teh kayu manis tanah
- ½ sudu teh halia kisar
- ¼ sudu teh lada cayenne (pilihan, untuk haba)
- 1 tin (14 auns) tomato dipotong dadu
- 2 cawan kacang ayam masak (atau 1 tin, toskan dan bilas)
- 1 cawan sup sayur
- 1 cawan lobak merah potong dadu
- 1 cawan kentang potong dadu
- ½ cawan aprikot kering yang dicincang
- ¼ cawan cilantro segar yang dicincang (tambah lagi untuk hiasan)
- Garam dan lada sulah secukup rasa

**ARAHAN:**

a) Dalam periuk besar atau tagine, panaskan minyak zaitun di atas api sederhana. Masukkan bawang besar yang telah dipotong dadu dan bawang putih yang dikisar, dan tumis sehingga bawang menjadi lut sinar dan wangi.

b) Masukkan jintan manis, ketumbar kisar, kayu manis yang dikisar, halia yang dikisar, dan lada cayenne (jika guna) ke dalam periuk. Kacau rata untuk menyaluti bawang merah dan bawang putih dengan rempah ratus.

c) Tuangkan tomato yang dipotong dadu (dengan jusnya) dan kacau hingga sebati dengan rempah.

d) Masukkan kacang ayam yang telah dimasak, sup sayur-sayuran, lobak merah yang dipotong dadu, kentang yang dipotong dadu, dan aprikot kering yang dicincang ke dalam periuk. Kacau hingga sebati semua bahan.

e) Didihkan adunan, kemudian kecilkan api. Tutup periuk dan reneh selama kira-kira 45 minit hingga 1 jam, atau sehingga sayur-sayuran lembut dan rasa telah melebur bersama.

f) Masukkan ketumbar segar yang dicincang dan perasakan dengan garam dan lada sulah secukup rasa.

g) Reneh tagine selama 5 minit tambahan untuk membolehkan perisa sebati.

h) Hidangkan Moroccan Chickpea Tagine dalam mangkuk, dihiasi dengan ketumbar segar cincang tambahan.

## 57.Stew Chickpea Maghribi

**BAHAN-BAHAN:**
- 1 sudu besar minyak zaitun
- 1 biji bawang besar, potong dadu
- 2 ulas bawang putih, dikisar
- 1 lobak merah, potong dadu
- 1 lada benggala merah, potong dadu
- 1 sudu teh jintan kisar
- 1 sudu teh ketumbar kisar
- ½ sudu teh kunyit kisar
- ½ sudu teh kayu manis tanah
- 1 tin (14 auns) tomato dipotong dadu
- 2 cawan kacang ayam masak (atau 1 tin, bilas dan toskan)
- 2 cawan sup sayur-sayuran rendah natrium
- Garam dan lada sulah secukup rasa
- Ketumbar segar atau pasli, dicincang, untuk hiasan

**ARAHAN:**
a) Dalam periuk besar, panaskan minyak zaitun dengan api sederhana. Masukkan bawang besar, bawang putih, lobak merah, dan lada benggala merah. Masak sehingga sayur empuk.
b) Masukkan jintan manis, ketumbar, kunyit, dan kayu manis ke dalam periuk. Kacau rata untuk menyaluti sayur dengan rempah ratus.
c) Tuangkan tomato dadu, kacang ayam, dan sup sayur-sayuran. Perasakan dengan garam dan lada sulah secukup rasa.
d) Didihkan rebusan, kemudian kecilkan api dan reneh selama 15-20 minit untuk membenarkan rasa sebati.
e) Hidangkan rebus kacang chickpea Maghribi yang dihiasi dengan daun ketumbar atau pasli segar.

## 58. Mangkuk Chickpea Berempah Maghribi

**BAHAN-BAHAN:**
- 3 sudu besar (45 ml) alpukat atau minyak zaitun extra-virgin, dibahagikan
- ½ bawang sederhana, dipotong dadu
- 2 ulas bawang putih, dikisar
- 2 sudu teh (4 g) harissa
- 1 sudu teh (5 g) pes tomato
- 2 sudu teh (4 g) jintan halus
- 1 sudu teh (2 g) paprika
- ½ sudu teh kayu manis tanah
- Garam kosher dan lada hitam yang baru dikisar
- 2 cawan (400 g) kacang ayam, toskan
- 1 (14-auns, atau 392 g) boleh tomato dipotong dadu
- ¾ cawan (125 g) bulgur
- 1½ cawan (355 ml) air
- 8 cawan pek (560 g) kangkung dicincang
- 2 buah alpukat, dikupas, diadu, dan dihiris nipis
- 4 biji telur rebus
- 1 resepi Sos Yogurt Pudina

**ARAHAN:**

a) Panaskan 2 sudu besar (30 ml) minyak dalam kuali di atas api sederhana sehingga berkilauan. Masukkan bawang dan masak, kacau sekali-sekala, sehingga lembut dan wangi, kira-kira 5 minit. Masukkan bawang putih, harissa, pes tomato, jintan manis, paprika, kayu manis, garam, dan lada, dan masak selama 2 minit. Masukkan kacang ayam dan tomato. Didihkan, kemudian kecilkan api dan reneh selama 20 minit. Sementara itu, sediakan bulgur.

b) Satukan bulgur, air, dan secubit garam dalam periuk sederhana. Biarkan mendidih. Kecilkan api ke rendah, tutup, dan reneh sehingga lembut, 10 hingga 15 minit.

c) Panaskan baki 1 sudu besar (15 ml) minyak dalam kuali di atas api sederhana sehingga berkilauan. Masukkan kangkung dan perasakan dengan garam. Masak, kacau sekali-sekala, sehingga lembut dan layu, kira-kira 5 minit.

d) Untuk menghidangkan, bahagikan bulgur antara mangkuk. Teratas dengan kacang ayam dan tomato, kangkung, alpukat dan sebiji telur. Siram dengan Sos Yogurt Pudina.

## 59. Bahu Kambing Rebus Maghribi dengan Apricot

**BAHAN-BAHAN:**
- 3 paun bahu kambing tanpa tulang, dipotong menjadi kepingan 1½ hingga 2 inci
- Garam kosher dan lada hitam yang baru dikisar
- Minyak zaitun extra virgin
- 1 biji bawang kuning, potong dadu sederhana
- 1 lobak merah, dikupas dan dipotong menjadi bulatan setebal ½ inci
- 4 ulas bawang putih, dikisar
- 1 (1 inci) halia, dikupas dan dikisar
- 2 sudu besar ras el hanout
- 1 (14 hingga 15 auns) tin tomato dipotong dadu
- 1 cawan stok ayam
- ½ cawan air
- ½ cawan aprikot kering atau kurma pitted, dicincang
- Jus ½ lemon
- ¼ cawan badam yang dicelur, dibakar dan dicincang kasar, untuk hiasan
- ¼ cawan daun ketumbar keseluruhan, untuk hiasan

**ARAHAN:**

a) Goreng kambing. Panaskan ketuhar hingga 325°F. Perasakan kambing dengan 1 sudu besar garam dan 1½ sudu teh lada. Dalam ketuhar Belanda, panaskan 1 sudu besar minyak zaitun pada sederhana tinggi sehingga panas. Bekerja dalam kelompok dan menambah lebih banyak minyak seperti yang diperlukan, tambah kambing dalam satu lapisan. Masak, terbalikkan sekali-sekala, selama 10 hingga 15 minit setiap kelompok, sehingga perang di semua sisi. Pindahkan ke pinggan.

b) Masak sayur. Buang semua kecuali 1 sudu besar lemak dari periuk. Masukkan bawang besar, lobak merah, bawang putih, dan halia. Masak, kacau sekali-sekala dan kikis mana-mana bahagian yang berwarna perang (suka) dari bahagian bawah periuk, selama 1 hingga 2 minit, sehingga bawang lembut sedikit. Tambah ras el hanout. Masak, kacau kerap, selama kira-kira 1 minit, sehingga wangi. Kembalikan kambing ke dalam periuk bersama mana-mana jus terkumpul dan kacau sebentar untuk menyaluti rempah.

c) Perapkan kambing. Masukkan tomato dan jusnya, dan kacau hingga sebati. Perasakan dengan garam dan lada sulah. Masukkan stok dan air dan kacau hingga sebati. Panaskan hingga mendidih pada sederhana tinggi. Keluarkan dari api dan atas dengan bulatan kertas parchment. Tutup dan pindahkan ke ketuhar. Perap selama kira-kira 1 jam 45 minit, sehingga kambing sangat empuk.

d) Habiskan rebusan. Keluarkan dari ketuhar; buang bulatan kertas. Kacau dalam aprikot dan biarkan selama 10 hingga 15 minit, sehingga aprikot menjadi gebu. Masukkan jus lemon. Pindahkan kambing ke dalam hidangan hidangan. Hiaskan dengan badam dan daun ketumbar dan hidangkan.

## 60.Burger kambing Moroccan dan harissa

**BAHAN-BAHAN:**
- 500g kambing cincang
- 2 Sudu besar pes harissa
- 1 Sudu besar biji jintan manis
- 2 tandan lobak pusaka
- 1/2 tandan pudina, daun dipetik
- 1 sudu besar cuka wain merah
- 80g keju Leicester merah, parut kasar
- 4 biji roti brioche, belah
- 1/3 cawan (65g) keju kotej

**ARAHAN:**

a) Alas dulang pembakar dengan kertas pembakar. Letakkan cincang dalam mangkuk dan perasakan dengan murah hati. Tambah 1 Sudu Besar harissa dan, dengan tangan yang bersih, gaul rata.

b) Bentuk campuran kambing menjadi 4 patties dan taburkan dengan biji jintan. Letakkan di atas dulang yang disediakan, tutup dan sejukkan sehingga diperlukan (bawa patties ke suhu bilik sebelum memasak).

c) Sementara itu, satukan lobak merah, pudina dan cuka dalam mangkuk dan ketepikan untuk pekasam sedikit.

d) Panaskan kuali barbeku atau chargrill pada api sederhana tinggi. Patty panggang selama 4-5 minit setiap sisi atau sehingga kerak yang baik terbentuk. Teratas dengan keju, kemudian tutup (gunakan foil jika menggunakan kuali chargrill) dan masak, tanpa diputar, selama 3 minit lagi atau sehingga keju cair dan patties masak.

e) Bakar roti brioche, potong ke bawah, selama 30 saat atau sehingga dibakar ringan. Bahagikan keju kotej di antara asas bun, kemudian atas dengan campuran lobak merah jeruk.

f) Masukkan patties dan baki 1 Sudu besar harissa. Tutup penutup, picit supaya harissa meleleh ke bahagian tepi, dan tersangkut.

## 61. Nasi dan Chickpea Bakar Gaya Maghribi

**BAHAN-BAHAN:**
- Semburan masak minyak zaitun
- 1 cawan beras perang bijirin panjang
- 2 ¼ cawan stok ayam
- 1 tin (15.5 auns) kacang ayam, toskan dan bilas
- ½ cawan lobak merah dipotong dadu
- ½ cawan kacang hijau
- 1 sudu teh jintan kisar
- ½ sudu teh kunyit kisar
- ½ sudu teh halia kisar
- ½ sudu teh serbuk bawang
- ½ sudu teh garam
- ¼ sudu teh kayu manis tanah
- ¼ sudu teh serbuk bawang putih
- ¼ sudu teh lada hitam
- Pasli segar, untuk hiasan

**ARAHAN:**
a) Panaskan penggoreng udara hingga 380°F. Sapukan sedikit bahagian dalam hidangan kaserol berkapasiti 5 cawan dengan semburan masak minyak zaitun. (Bentuk hidangan kaserol bergantung pada saiz penggoreng udara, tetapi ia perlu boleh memuatkan sekurang-kurangnya 5 cawan.)
b) Dalam hidangan kaserol, satukan nasi, stok, kacang ayam, lobak merah, kacang, jintan, kunyit, halia, serbuk bawang, garam, kayu manis, serbuk bawang putih dan lada hitam. Kacau rata hingga sebati.
c) Tutup longgar dengan aluminium foil.
d) Letakkan hidangan kaserol bertutup ke dalam penggoreng udara dan bakar selama 20 minit. Keluarkan dari air fryer dan kacau rata.
e) Letakkan kaserol kembali ke dalam penggoreng udara, tidak bertutup, dan bakar selama 25 minit lagi.
f) Gebu dengan sudu dan taburkan dengan pasli cincang segar sebelum dihidangkan.

## 62.Mangkuk Salmon dan Millet Maghribi

**BAHAN-BAHAN:**
- ¾ cawan (130 g) bijirin
- 2 cawan (470 ml) air
- Garam kosher dan lada hitam yang baru dikisar
- 3 sudu besar (45 ml) alpukat atau minyak zaitun extra-virgin, dibahagikan
- ½ cawan (75 g) kismis kering
- ¼ cawan (12 g) pudina segar yang dicincang halus
- ¼ cawan (12 g) pasli segar yang dicincang halus
- 3 lobak merah sederhana
- 1½ sudu besar (9 g) harissa
- 1 sudu teh (6 g) madu
- 1 ulas bawang putih, dikisar
- ½ sudu teh jintan halus
- ½ sudu teh kayu manis tanah
- 4 (4- hingga 6-auns, 115 hingga 168 g) fillet salmon
- ½ timun Inggeris sederhana, dicincang
- 2 cawan pek (40 g) arugula
- 1 resepi Sos Yogurt Pudina

**ARAHAN:**

a) Panaskan ketuhar kepada 425°F (220°C, atau tanda gas 7).

b) Masukkan bijirin ke dalam periuk besar dan kering dan bakar dengan api sederhana sehingga perang keemasan, 4 hingga 5 minit. Masukkan air dan secubit garam. Air akan terpercik tetapi akan mendap dengan cepat.

c) Biarkan mendidih. Kecilkan api kepada perlahan, kacau dalam 1 sudu besar (15 ml) minyak, tutup, dan reneh sehingga sebahagian besar air diserap, 15 hingga 20 minit. Angkat dari api dan kukus dalam periuk selama 5 minit. Setelah sejuk, kacau dalam currant, pudina, dan pasli.

d) Sementara itu, kupas dan potong lobak merah menjadi bulatan setebal 1.3 cm (1.3 cm). Pukul bersama 1½ sudu besar (23 ml) minyak, harissa, madu, bawang putih, garam dan lada sulah dalam mangkuk sederhana. Masukkan lobak merah dan gaul hingga sebati.

e) Sapukan dalam lapisan sekata pada satu sisi lembaran pembakar berbingkai beralas kertas. Panggang lobak merah selama 12 minit.

f) Pukul bersama baki ½ sudu besar (7 ml) minyak, jintan putih, kayu manis, dan ½ sudu teh garam dalam mangkuk kecil. Sapu pada fillet salmon.

g) Keluarkan loyang dari ketuhar. Balikkan lobak merah, dan kemudian susun salmon di sebelah lagi. Panggang sehingga salmon masak dan mudah mengelupas, 8 hingga 12 minit bergantung pada ketebalan.

h) Untuk menghidangkan, bahagikan bijirin herba di antara mangkuk. Teratas dengan fillet salmon, lobak merah panggang, timun, dan arugula, dan siram dengan Sos Yogurt Pudina.

# 63. Kacang fava dan rebusan daging

**BAHAN-BAHAN:**
- 1 paun daging lembu tanpa lemak
- Atau kambing; potong
- Menjadi kepingan saiz sederhana
- Garam dan lada
- 1 sudu kecil halia
- ½ sudu teh Kunyit
- 4 ulas bawang putih; hancur
- 1 Bawang besar; dicincang halus
- ½ cawan daun ketumbar segar yang dicincang halus
- 1½ cawan Air
- 4 sudu besar minyak zaitun
- 2 cawan kacang fava segar
- Atau 19-oz fava dalam tin; dikeringkan
- 5 sudu besar Jus lemon
- ½ cawan buah zaitun hitam berlubang; pilihan

**ARAHAN:**
a) Dalam periuk, letakkan daging, garam, lada, halia, kunyit, bawang putih, bawang merah, ketumbar (ketumbar), air, dan minyak; kemudian tutup dan masak dengan api sederhana sehingga daging empuk. (90 minit atau lebih)
b) Masukkan kacang fava dan teruskan memasak sehingga kacang empuk.
c) Masukkan jus lemon. Letakkan dalam mangkuk hidangan dan hiaskan dengan buah zaitun.

## 64.Cili Kambing Maghribi

**BAHAN-BAHAN:**
- 2 lbs kambing kisar
- 2 sudu besar minyak zaitun
- 1 biji bawang besar, dicincang
- 4 ulas bawang putih, dikisar
- 2 lada benggala merah, dicincang
- 1 tin (28 oz) tomato dipotong dadu, tidak dikeringkan
- 2 tin (15 oz setiap satu) kacang ayam, toskan dan bilas
- 2 sudu besar pes harissa
- 1 sudu kecil kayu manis tanah
- 1/2 sudu kecil halia kisar
- Garam dan lada sulah, secukup rasa

**ARAHAN:**
a) Panaskan minyak zaitun dalam periuk besar di atas api sederhana tinggi.
b) Masukkan bawang besar dan bawang putih dan tumis sehingga bawang lut sinar.
c) Masukkan kambing kisar dan masak hingga keperangan.
d) Masukkan lada benggala merah dan teruskan masak selama 5 minit.
e) Masukkan tomato dadu, kacang ayam, pes harissa, kayu manis, halia, garam dan lada sulah.
f) Didihkan, kemudian kecilkan api dan reneh selama 30 minit.
g) Hidangkan panas dan nikmati!

## 65.Pure kacang fava - bissara

**BAHAN-BAHAN:**
- 2 cawan kacang fava kering besar; direndam semalaman
- Dan dikeringkan
- 3 ulas bawang putih; hancur
- garam; untuk rasa
- ½ cawan minyak zaitun
- 8 cawan Air
- 5 sudu besar jus lemon
- 2 sudu kecil Jintan Manis
- 1 sudu kecil Paprika
- ½ sudu teh serbuk cili
- ½ cawan pasli cincang

**ARAHAN:**
a) Letakkan kacang fava, bawang putih, garam, 4 sudu besar minyak zaitun, dan air dalam periuk; kemudian masak dengan api sederhana hingga kacang empuk.
b) Letakkan kacang dalam pemproses makanan dan proses sehingga halus, kemudian kembalikan ke dalam periuk. Masukkan jus lemon dan jintan manis, dan masak selama 5 minit dengan api perlahan.
c) Sudukan ke atas pinggan hidangan. Tuangkan baki minyak zaitun secara merata ke atas; kemudian taburkan paprika dan serbuk cili.
d) Hiaskan dengan pasli dan hidangkan.

# 66. Kambing dan pir tagine

**BAHAN-BAHAN:**
- 2 medium bawang; dikupas dan dihiris
- 1 sudu besar minyak zaitun; ringan
- 6 auns kambing; dipotong dadu, dipotong
- 1 sudu makan Madeira
- ½ sudu teh jintan tanah
- ½ sudu teh Ketumbar kisar
- ½ sudu teh Akar halia parut
- ¼ sudu teh Serbuk kayu manis; atau lebih jika mahu
- ½ sudu teh lada hitam dikisar
- 1½ cawan air sejuk; atau untuk menutup
- 1 sudu kecil Madu
- 1 buah pir Bosc besar; dihiris dan dipotong, kemudian dicincang menjadi 1/2"-ketul, (kupas dibiarkan)
- ¼ cawan kismis tanpa biji emas ATAU sultana
- 2 sudu besar    Badam cincang; dibakar
- Garam dan lada; untuk rasa
- 1½ cawan nasi masak; bercampur dengan
- 1 sudu teh basil segar yang dicincang
- 1⅓ cawan lobak merah yang dihiris; dikukus

**ARAHAN:**
a) Dalam periuk besar goreng perlahan-lahan bawang dalam minyak zaitun sehingga lembut dan manis (20 min). Masukkan daging ke dalam kuali dan masak sehingga ia berubah warna. Tambah rempah; kacau sehingga suam dan kering. Masukkan wain dan bakar dengan cepat. Kemudian masukkan air paip sejuk untuk menutup daging. Tutup dan renehkan perlahan-lahan sehingga daging empuk, kira-kira 45 minit.

b) Mendedahkan. Masukkan pear ke dalam daging bersama sultana dan badam (dipanaskan sebentar dalam kuali kering). Reneh selama 10 hingga 15 minit lagi atau sehingga pear lembut tetapi tidak terlalu lembut. Rasa dan sesuaikan garam dan lada sulah.

c) Jika sos kelihatan terlalu nipis, pekatkan dengan arrowroot atau pati kentang. Hidangkan di atas nasi dengan lobak merah di sebelah.

# 67. Nasi Marrakesh dan sup lentil

**BAHAN-BAHAN:**
- ¼ cawan Lentil; direndam semalaman
- 7 cawan Air
- 2 sudu besar Minyak zaitun
- ½ cawan Daun ketumbar segar dicincang halus
- 1 sudu kecil Paprika
- ½ cawan beras; dibilas
- Garam dan lada
- ½ sudu teh Jintan
- 1 keping serbuk cili
- 2 sudu besar tepung; terlarut dalam
- ½ cawan Air
- ¼ cawan jus lemon

**ARAHAN:**
a) Lentil tidak memerlukan rendaman; dan kami biasanya menyusun dan mencucinya sebelum menggunakannya. Jika direndam, masa memasak boleh dipotong separuh.
b) Dalam periuk, letakkan lentil dan air rendamannya, minyak zaitun, daun ketumbar, dan paprika. Didihkan dengan api besar.
c) Tutup dan masak dengan api sederhana selama 25 minit; kemudian masukkan bahan-bahan yang tinggal kecuali adunan tepung dan jus limau nipis dan masak selama 20 minit lagi atau sehingga biji beras empuk tetapi masih utuh.
d) Angkat dari api dan masukkan pes tepung dan jus lemon perlahan-lahan.
e) Kembalikan kepada api dan biarkan mendidih. Hidangkan segera.

# 68. Kacang ayam pekat dan sup daging / hareera

**BAHAN-BAHAN:**
- ¼ paun Kacang ayam; direndam semalaman
- ½ cawan Mentega
- 2 cawan bawang cincang; dibahagikan
- Garam dan lada
- ½ paun Tulang kambing atau daging lembu
- 1 secubit Kayu Manis
- 1 secubit Safron
- 3 liter Air
- ½ cawan daun ketumbar segar yang dicincang halus
- 2 cawan jus tomato
- 1 cawan beras; dibilas
- 3 sudu besar tepung
- ½ cawan pasli segar yang dicincang halus
- ¼ cawan jus lemon; pilihan

**ARAHAN:**
a) Belah kacang ayam dan buang kulitnya. Mengetepikan.
b) Cairkan mentega dalam periuk, kemudian masukkan 1 cawan bawang, garam dan lada sulah.Tumiskan dengan api sederhana sehingga bawang bertukar menjadi perang.
c) Potong daging dari tulang dan potong dadu. Kacau daging dan tulang yang dipotong dadu ke dalam kuali dan tumiskan lagi sehingga daging bertukar menjadi perang. Masukkan baki cawan bawang kacang ayam, kayu manis, kunyit, dan 1 liter air, dan masak sehingga kacang ayam masak. Masukkan 1 sudu besar daun ketumbar dan masak selama 5 minit lagi. Mengetepikan.
d) Dalam periuk lain, rebus baki dua liter air, jus tomato, garam dan lada selama 5 minit. Masukkan beras dan kembali mendidih; kemudian kecilkan api dan reneh hingga nasi masak.
e) Campurkan tepung dengan 3 sudu air sejuk untuk membuat pes nipis. Perlahan-lahan kacau pes ke dalam adunan beras. Masukkan baki ketumbar dan pasli. Masak selama 5 minit lagi. Satukan adunan daging dan nasi dan hidangkan.

# 69. Mangkuk Quinoa Maghribi

**BAHAN-BAHAN:**
- 1 cawan quinoa masak
- 1 cawan tomato ceri, dibelah dua
- 1 timun, potong dadu
- ½ cawan kacang ayam, toskan dan bilas
- ¼ cawan buah zaitun Kalamata, dihiris

**ARAHAN:**

a) Dalam mangkuk, satukan quinoa yang telah dimasak, tomato ceri, timun, kacang ayam dan buah zaitun Kalamata.

b) Gaulkan bahan-bahan tadi.

c) Hiaskan dengan pasli segar.

d) Hidangkan pada suhu bilik atau sejuk.

# 70. Ayam Marsala

**BAHAN-BAHAN:**
- ¼ cawan tepung
- Garam dan lada sulah secukup rasa
- 4 ketul dada ayam tanpa tulang, ditumbuk
- ¼ cawan mentega
- 1 cawan marsala

**ARAHAN:**
a) Dalam mangkuk adunan, satukan tepung, garam dan lada sulah.
b) Korek dada ayam yang ditumbuk dalam adunan tepung.
c) Dalam kuali besar, cairkan mentega.
d) Masak dada ayam yang dikorek selama 4 minit pada setiap sisi.
e) Dalam kuali yang sama, masukkan marsala dan masak ayam selama 10 minit tambahan dengan api perlahan.
f) Pindahkan ayam yang telah dimasak ke dalam pinggan hidangan.

# 71. Bungkus Sayuran Maghribi

**BAHAN-BAHAN:**
- 1 bungkus bijirin penuh atau roti rata
- 2 sudu besar hummus
- ½ cawan sayur salad campuran
- ¼ cawan timun, dihiris nipis
- ¼ cawan tomato ceri, dibelah dua

**ARAHAN:**
a) Sapukan hummus secara merata ke atas bungkus bijirin penuh.
b) Lapiskan sayur salad campuran, timun, dan tomato ceri.
c) Gulung bungkus dengan ketat dan potong separuh.

## 72. Ayam Cheddar Bawang Putih

**BAHAN-BAHAN:**
- ¼ cawan mentega
- ½ cawan keju parmesan parut
- ½ cawan serbuk roti Panko
- 1 ¼ cawan keju cheddar tajam
- 8 dada ayam

**ARAHAN:**

a) Panaskan ketuhar hingga 350 darjah Fahrenheit.

b) Dalam kuali, cairkan mentega dan masak bawang putih cincang selama 5 minit.

c) Dalam mangkuk adunan besar, satukan keju parmesan, serbuk roti Panko, keju cheddar, perasa Itali, garam dan lada sulah.

d) Celupkan setiap dada ayam ke dalam mentega cair dan kemudian salutkan dengan adunan serbuk roti.

e) Letakkan setiap dada ayam yang bersalut dalam hidangan pembakar.

f) Tuangkan sebarang mentega yang tinggal di atas.

g) Panaskan ketuhar hingga 350°F dan bakar selama 30 minit.

h) Untuk lebih rangup, letak di bawah ayam pedaging selama 2 minit.

# 73. Udang dengan Sos Krim Pesto

**BAHAN-BAHAN:**
- 1 pakej pasta linguine
- 1 Sudu besar minyak zaitun
- 1 cawan cendawan dihiris
- ½ cawan krim berat
- 1 cawan pesto

**ARAHAN:**
a) Masak pasta mengikut arahan pakej, kemudian toskan.
b) Dalam kuali, panaskan minyak zaitun dan masak hirisan cendawan selama 5 minit.
c) Kacau dalam krim berat, perasakan dengan garam, lada, dan lada cayenne, dan reneh selama 5 minit.
d) Masukkan keju Pecorino Romano parut dan pukul sehingga cair.
e) Campurkan pesto dan udang masak, kemudian masak selama 5 minit lagi.
f) Salutkan pasta yang telah dimasak dengan sos.

# 74. Ratatouille Sepanyol

**BAHAN-BAHAN:**
- 1 bawang bersaiz sederhana (dihiris atau dicincang)
- 1 ulas bawang putih
- 1 Zucchini (dicincang)
- 1 tin tomato (dicincang)
- 3 Sudu besar minyak zaitun

**ARAHAN:**
a) Dalam kuali, tuangkan minyak zaitun.
b) Masukkan bawang. Biarkan 4 minit masa menggoreng dengan api sederhana.
c) Masukkan bawang putih dan teruskan menggoreng selama 2 minit lagi.
d) Masukkan zucchini dan tomato cincang ke dalam kuali. Perasakan secukup rasa dengan garam dan lada sulah.
e) Masak selama 30 minit atau sehingga masak.
f) Hiaskan dengan pasli segar, jika dikehendaki.
g) Hidangkan bersama nasi atau roti bakar sebagai ulam.

## 75. Udang dengan Adas

**BAHAN-BAHAN:**
- 2 ulas bawang putih (hiris)
- 2 sudu besar minyak zaitun
- 1 mentol adas
- 600g tomato ceri
- 15 ekor udang bersaiz besar, dikupas

**ARAHAN:**

a) Dalam periuk besar, panaskan minyak. Goreng bawang putih yang telah dihiris sehingga perang keemasan.

b) Masukkan adas ke dalam kuali dan masak selama 10 minit dengan api perlahan.

c) Dalam mangkuk adunan yang besar, satukan tomato, garam, lada sulah, manzanilla sherry dan wain putih. Didihkan selama 7 minit sehingga sos pekat.

d) Letakkan udang kupas di atas dan masak selama 5 minit atau sehingga udang bertukar merah jambu.

e) Hiaskan dengan daun pasli.

f) Hidangkan bersama roti sebelah.

# 76.Salmon Maghribi yang dibakar

**BAHAN-BAHAN:**
- 4 fillet salmon
- 2 sudu besar minyak zaitun
- 2 sudu besar jus lemon
- 2 ulas bawang putih, dikisar
- 1 sudu teh oregano kering

**ARAHAN:**

a) Panaskan ketuhar hingga 400°F (200°C).

b) Dalam mangkuk kecil, campurkan minyak zaitun, jus lemon, bawang putih cincang, oregano kering, garam, dan lada.

c) Letakkan fillet salmon pada lembaran pembakar yang dialas dengan kertas parchment.

d) Sapu salmon dengan campuran minyak zaitun.

e) Bakar dalam ketuhar yang telah dipanaskan selama 20-25 minit, atau sehingga salmon masak.

f) Hidangkan Salmon Moroccan Bakar di atas katil bijirin kegemaran anda atau bersama salad segar.

# 77. Sup Kacang Putih

**BAHAN-BAHAN:**
- 1 biji bawang besar dicincang
- 2 sudu besar minyak zaitun
- 2 batang saderi dihiris
- 3 ulas bawang putih kisar
- 4 cawan kacang cannellini dalam tin

**ARAHAN:**

a) Dalam kuali besar, panaskan minyak.

b) Masak saderi dan bawang selama kira-kira 5 minit.

c) Masukkan bawang putih kisar dan kacau hingga sebati. Masak selama 30 saat lagi.

d) Masukkan kacang cannellini dalam tin, 2 cawan sup ayam, rosemary, garam, dan lada sulah, serta brokoli.

e) Didihkan cecair dan kemudian kecilkan kepada api perlahan selama 20 minit.

f) Kisar sup dengan pengisar tangan sehingga mencapai kehalusan yang dikehendaki.

g) Kecilkan api dan taburkan minyak truffle.

h) Sendukkan sup ke dalam pinggan dan hidangkan.

# 78. Sudang galah gambas

**BAHAN-BAHAN:**
- 1/2 cawan minyak zaitun
- Jus 1 lemon
- 2 sudu teh garam laut
- 24 ekor udang sederhana besar , dalam kulit dengan kepala utuh

**ARAHAN:**

a) Dalam mangkuk adunan, satukan minyak zaitun, jus lemon, dan garam dan pukul sehingga sebati. Untuk menyalut udang dengan ringan, celupkannya ke dalam adunan selama beberapa saat.

b) Dalam kuali kering, panaskan minyak dengan api yang tinggi. Bekerja secara berkelompok, masukkan udang dalam satu lapisan tanpa menyesakkan kuali apabila ia sangat panas. 1 minit membakar

c) Kecilkan api kepada sederhana dan masak selama satu minit tambahan. Besarkan api dan goreng udang selama 2 minit lagi, atau sehingga kekuningan.

d) Pastikan udang hangat dalam ketuhar yang rendah di atas pinggan kalis ketuhar.

e) Masak udang yang tinggal dengan cara yang sama.

# 79. Ayam Herba Lemon Bakar

**BAHAN-BAHAN:**
- 4 dada ayam tanpa tulang dan tanpa kulit
- 2 biji limau
- 2 sudu besar minyak zaitun
- 2 sudu teh oregano kering
- Garam dan lada sulah secukup rasa

**ARAHAN:**

a) Panaskan panggangan ke api sederhana tinggi.

b) Dalam mangkuk, campurkan jus satu lemon, minyak zaitun, oregano kering, garam, dan lada.

c) Letakkan dada ayam dalam beg plastik yang boleh ditutup semula dan tuangkan perapan ke atasnya. Tutup beg dan biarkan ia perap sekurang-kurangnya 30 minit.

d) Bakar ayam selama kira-kira 6-8 minit setiap sisi atau sehingga masak sepenuhnya.

e) Perahkan jus baki limau ke atas ayam panggang sebelum dihidangkan.

# 80. Tomato dan Pasta Basil

**BAHAN-BAHAN:**
- 8 oz spageti gandum
- 2 cawan tomato ceri, dibelah dua
- 1/4 cawan basil segar, dicincang
- 2 sudu besar minyak zaitun dara tambahan
- 2 ulas bawang putih, dikisar

**ARAHAN:**
a) Masak spageti mengikut arahan pakej.
b) Dalam mangkuk besar, satukan tomato ceri, selasih segar, minyak zaitun, dan bawang putih cincang.
c) Masukkan spageti yang telah dimasak ke dalam mangkuk dan gaul sehingga sebati.
d) Hidangkan segera, boleh dihiasi dengan selasih segar tambahan.

# 81. Salmon Bakar dengan Salsa Maghribi

**BAHAN-BAHAN:**
- 4 fillet salmon
- 1 cawan tomato ceri, dipotong dadu
- 1/2 timun, potong dadu
- 1/4 cawan buah zaitun Kalamata, dihiris
- 2 sudu besar minyak zaitun dara tambahan
- 1 sudu besar jus lemon segar

**ARAHAN:**
a) Panaskan ketuhar hingga 400°F (200°C).
b) Letakkan fillet salmon pada lembaran pembakar yang dialas dengan kertas parchment.
c) Dalam mangkuk, gabungkan tomato ceri, timun, zaitun, minyak zaitun dan jus lemon yang dipotong dadu untuk membuat salsa.
d) Sudukan salsa ke atas fillet salmon.
e) Bakar selama 15-20 minit atau sehingga salmon masak.

## 82. Chickpea dan Stew Bayam

**BAHAN-BAHAN:**
- 2 tin (15 oz setiap satu) kacang ayam, toskan dan bilas
- 1 bawang, dicincang
- 3 ulas bawang putih, dikisar
- 1 tin (14 oz) tomato dipotong dadu
- 4 cawan bayam segar
- Garam dan lada sulah secukup rasa

**ARAHAN:**
a) Dalam periuk besar, tumis bawang merah dan bawang putih yang dihiris sehingga lembut.
b) Masukkan kacang ayam dan tomato dadu bersama jusnya. Kacau hingga sebati.
c) Reneh selama 15-20 minit, biarkan rasa bercampur.
d) Masukkan bayam segar dan masak sehingga layu.
e) Perasakan dengan garam dan lada sulah secukup rasa sebelum dihidangkan.

## 83. Lidi Udang Bawang Putih Lemon

**BAHAN-BAHAN:**
- 1 paun udang besar, dikupas dan dikeringkan
- 3 sudu besar minyak zaitun
- 3 ulas bawang putih, dikisar
- Perahan 1 lemon
- 2 sudu besar pasli segar, dicincang

**ARAHAN:**
a) Panaskan pemanggang atau kuali pemanggang.
b) Dalam mangkuk, campurkan minyak zaitun, bawang putih cincang, kulit lemon, dan pasli cincang.
c) Ulirkan udang pada lidi dan sapu dengan campuran lemon-bawang putih.
d) Bakar lidi udang selama 2-3 minit setiap sisi atau sehingga legap.
e) Hidangkan dengan hirisan lemon tambahan.

## 84. Mangkuk Salad Quinoa

**BAHAN-BAHAN:**
- 1 cawan quinoa, dimasak
- 1 timun, potong dadu
- 1 cawan tomato ceri, dibelah dua
- 1/2 cawan keju feta, hancur
- 2 sudu besar cuka wain merah

**ARAHAN:**

a) Dalam mangkuk, gabungkan quinoa, timun, tomato ceri dan keju feta yang telah dimasak.

b) Siram dengan cuka wain merah dan toskan hingga sebati.

c) Hidangkan sebagai mangkuk salad quinoa yang menyegarkan.

## 85. Rebus Terung dan Chickpea

**BAHAN-BAHAN:**
- 1 biji terung besar, potong dadu
- 1 tin (15 oz) kacang ayam, toskan dan bilas
- 1 tin (14 oz) tomato dipotong dadu
- 1 bawang, dicincang
- 2 sudu besar minyak zaitun

**ARAHAN:**

a) Dalam periuk besar, tumis bawang cincang dalam minyak zaitun sehingga lembut.

b) Masukkan terung dadu, kacang ayam, dan tomato dadu bersama jusnya.

c) Reneh selama 20-25 minit atau sehingga terung empuk.

d) Perasakan dengan garam dan lada sulah secukup rasa sebelum dihidangkan.

# 86.Ikan Kod Bakar Herba Lemon

**BAHAN-BAHAN:**
- 4 fillet ikan kod
- Jus 2 biji limau
- 3 sudu besar minyak zaitun
- 2 sudu teh thyme kering
- Garam dan lada sulah secukup rasa

**ARAHAN:**
a) Panaskan ketuhar hingga 400°F (200°C).
b) Letakkan fillet ikan kod dalam bekas pembakar.
c) Dalam mangkuk, campurkan jus lemon, minyak zaitun, thyme kering, garam, dan lada.
d) Tuangkan adunan ke atas fillet ikan kod.
e) Bakar selama 15-20 minit atau sehingga ikan kod mudah mengelupas dengan garfu.

# 87. Salad Lentil Maghribi

**BAHAN-BAHAN:**
- 1 cawan lentil masak
- 1 timun, potong dadu
- 1 cawan tomato ceri, dibelah dua
- 1/4 cawan bawang merah, dicincang halus
- 2 sudu besar balsamic vinaigrette

**ARAHAN:**
a) Dalam mangkuk besar, satukan lentil yang telah dimasak, timun potong dadu, tomato ceri, dan bawang merah yang dicincang.
b) Siram dengan balsamic vinaigrette dan toskan hingga sebati.
c) Hidangkan sebagai salad lentil yang enak.

## 88. Bayam dan Lada Sumbat Feta

**BAHAN-BAHAN:**
- 4 lada benggala, dibelah dua dan dibuang biji
- 2 cawan bayam segar, dicincang
- 1 cawan keju feta, hancur
- 1 tin (14 oz) tomato dipotong dadu, toskan
- 2 sudu besar minyak zaitun

**ARAHAN:**

a) Panaskan ketuhar hingga 375°F (190°C).

b) Dalam mangkuk, campurkan bayam cincang, keju feta, tomato dadu, dan minyak zaitun.

c) Sumbat setiap separuh lada benggala dengan campuran bayam dan feta.

d) Bakar selama 25-30 minit atau sehingga lada empuk.

# 89. Salad Udang dan Avokado

**BAHAN-BAHAN:**
- 1 paun udang, dikupas dan dikeringkan
- 2 buah alpukat, potong dadu
- 1 cawan tomato ceri, dibelah dua
- 2 sudu besar ketumbar segar, dicincang
- Jus 1 biji limau purut

**ARAHAN:**
a) Masak udang dalam kuali sehingga merah jambu dan legap.
b) Dalam mangkuk, satukan udang yang telah dimasak, alpukat yang dipotong dadu, tomato ceri dan ketumbar cincang.
c) Siram dengan jus limau nipis dan toskan perlahan-lahan hingga sebati.
d) Hidangkan sebagai salad udang dan alpukat yang menyegarkan.

## 90. Peha Ayam Bakar Itali

**BAHAN-BAHAN:**
- 4 paha ayam, masuk tulang, kulit
- 1 tin (14 oz) tomato dipotong dadu, tidak dikeringkan
- 2 sudu besar minyak zaitun
- 2 sudu teh perasa Itali
- Garam dan lada sulah secukup rasa

**ARAHAN:**
a) Panaskan ketuhar hingga 375°F (190°C).
b) Letakkan paha ayam dalam bekas pembakar.
c) Dalam mangkuk, campurkan tomato dadu, minyak zaitun, perasa Itali, garam dan lada sulah.
d) Tuangkan adunan tomato tadi ke atas peha ayam.
e) Bakar selama 35-40 minit atau sehingga ayam mencapai suhu dalaman 165°F (74°C).

## 91. Lada Loceng Sumbat Quinoa

**BAHAN-BAHAN:**
- 4 lada benggala, dibelah dua dan dibuang biji
- 1 cawan quinoa masak
- 1 tin (15 oz) kacang hitam, toskan dan bilas
- 1 cawan biji jagung (segar atau beku)
- 1 cawan salsa

**ARAHAN:**

a) Panaskan ketuhar hingga 375°F (190°C).

b) Dalam mangkuk, campurkan quinoa yang telah dimasak, kacang hitam, jagung dan salsa.

c) Sudukan campuran quinoa ke dalam setiap separuh lada benggala.

d) Bakar selama 25-30 minit atau sehingga lada empuk.

# PENJERAHAN

## 92. Kek Oren & Buah Pelaga Maghribi

**BAHAN-BAHAN:**
- 2 biji oren, digosok
- Biji 6 biji buah pelaga hijau, dihancurkan
- 6 biji telur besar
- 200g pek badam kisar
- 50g polenta
- 25g tepung naik sendiri
- 2 sudu kecil serbuk penaik
- 1 sudu besar badam serpihan
- Yogurt Yunani atau krim, untuk dihidangkan

**ARAHAN:**
a) Masukkan seluruh oren ke dalam kuali, tutup dengan air, dan rebus selama 1 jam sehingga pisau mudah menusuknya. Jika perlu, letakkan penutup periuk kecil terus di atas untuk memastikan ia tenggelam.
b) Keluarkan oren, sejukkan, kemudian suku dan keluarkan biji dan empulur. Blitz kepada puri kasar menggunakan pengisar tangan atau pemproses makanan, kemudian masukkan ke dalam mangkuk besar.
c) Panaskan ketuhar kepada 160C/140C kipas/gas 3.
d) Lapiskan bahagian bawah dan tepi loyang kek bersaiz 21cm yang longgar dengan kertas pembakar.
e) Pukul buah pelaga, dan telur ke dalam puri oren.
f) Campurkan badam kisar dengan polenta, tepung, dan serbuk penaik, kemudian masukkan ke dalam adunan oren sehingga sebati.
g) Kikis adunan ke dalam loyang, ratakan bahagian atas, dan bakar selama 40 minit.
h) Selepas 40 minit, taburkan badam serpihan di atas kek, kembalikan ke ketuhar, dan bakar selama 20-25 minit tambahan sehingga lidi yang dimasukkan ke dalam bahagian tengah keluar bersih.
i) Keluarkan dari loyang dan biarkan sejuk.
j) Hidangkan dihiris sebagai kek atau dengan yogurt Yunani atau krim sebagai pencuci mulut.

## 93. Sorbet Oren Maghribi

**BAHAN-BAHAN:**
- 4 cawan jus oren segar
- ½ cawan madu
- Serbuk 1 oren
- 1 sudu besar jus lemon

**ARAHAN:**

a) Dalam mangkuk, satukan jus oren segar, madu, kulit oren dan jus lemon. Kacau sehingga madu larut.

b) Tuangkan adunan ke dalam pembuat aiskrim dan kisar mengikut arahan pengilang.

c) Setelah dikacau, pindahkan sorbet ke dalam bekas bertutup dan beku selama sekurang-kurangnya 2 jam sebelum dihidangkan.

d) Cedok dan nikmati!

## 94. Aprikot dan Tart Badam

**BAHAN-BAHAN:**
- 1 helai pastri puff, dicairkan
- ½ cawan tepung badam
- ¼ cawan madu
- 1 sudu teh ekstrak badam
- 1 cawan aprikot segar, dihiris

**ARAHAN:**

a) Panaskan ketuhar hingga 375°F (190°C). Canai puff pastry di atas loyang.

b) Dalam mangkuk, campurkan tepung badam, madu, dan ekstrak badam.

c) Sapukan adunan badam ke atas pastri puff.

d) Susun hirisan aprikot di atas.

e) Bakar selama 20-25 minit atau sehingga pastri berwarna perang keemasan.

f) Biarkan tart sejuk sebelum dihiris.

## 95.Pic Bakar Maghribi

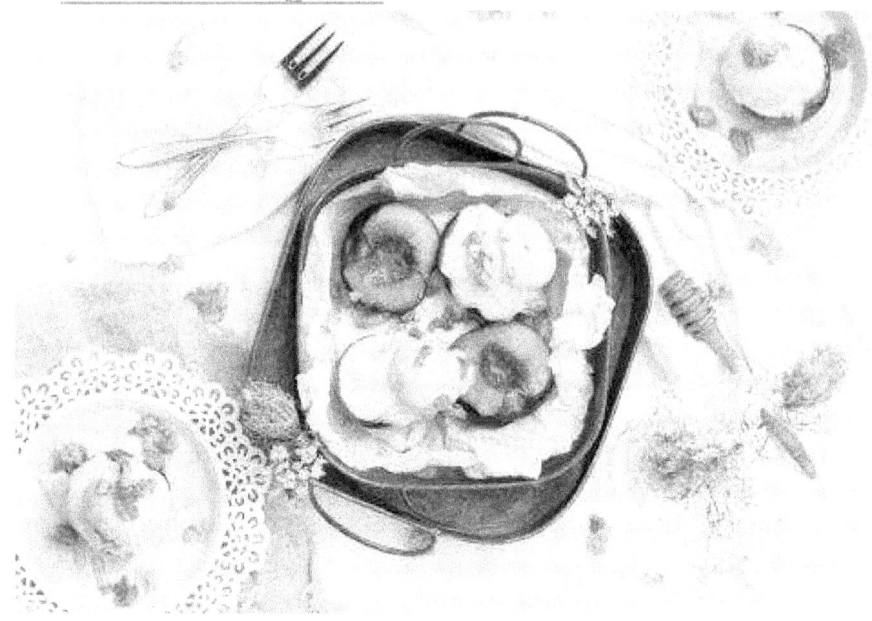

**BAHAN-BAHAN:**
- 4 buah pic masak, belah dua dan diadu
- 2 sudu besar madu
- ¼ cawan walnut atau badam yang dicincang
- 1 sudu teh kayu manis tanah
- 1 sudu besar minyak zaitun extra-virgin

**ARAHAN:**

a) Panaskan ketuhar hingga 375°F (190°C).

b) Letakkan bahagian pic, potong bahagian atas, dalam hidangan pembakar.

c) Tuangkan madu ke atas setiap separuh pic.

d) Taburkan kacang cincang rata ke atas pic.

e) Taburkan pic dengan kayu manis tanah.

f) Tuangkan minyak zaitun dara tambahan di atas.

g) Bakar dalam ketuhar yang telah dipanaskan selama 20-25 minit atau sehingga pic lembut.

h) Keluarkan dari ketuhar dan biarkan ia sejuk sedikit sebelum dihidangkan.

## 96.Minyak Zaitun dan Biskut Lemon

**BAHAN-BAHAN:**
- 2 cawan tepung badam
- ¼ cawan minyak zaitun
- ¼ cawan madu
- Perahan 1 lemon
- ½ sudu teh baking soda

**ARAHAN:**

a) Panaskan ketuhar hingga 350°F (180°C). Lapik loyang dengan kertas parchment.

b) Dalam mangkuk, campurkan tepung badam, minyak zaitun, madu, kulit limau, dan soda penaik sehingga menjadi doh.

c) Keluarkan bahagian doh bersaiz sudu besar dan gulung menjadi bebola. Letakkan di atas loyang yang telah disediakan.

d) Ratakan setiap bola dengan garpu, cipta corak silang silang.

e) Bakar selama 10-12 minit atau sehingga bahagian tepi berwarna perang keemasan.

f) Biarkan biskut sejuk sebelum dihidangkan.

# 97. Salad Buah Maghribi

**BAHAN-BAHAN:**
- 2 cawan beri campuran (strawberi, beri biru, raspberi)
- 1 cawan tembikai potong dadu
- 1 cawan nenas potong dadu
- 1 sudu besar pudina segar, dicincang
- 1 sudu besar madu

**ARAHAN:**

a) Dalam mangkuk besar, gabungkan beri campuran, tembikai, dan nanas.

b) Taburkan pudina yang dicincang ke atas buah-buahan.

c) Tuangkan madu ke atas salad dan kacau perlahan-lahan hingga sebati.

d) Sejukkan sekurang-kurangnya 30 minit sebelum dihidangkan.

## 98. Maghribi Puding Honeyed

**BAHAN-BAHAN:**
- ½ cawan couscous
- 1 ½ cawan susu badam (atau mana-mana susu pilihan anda)
- 3 sudu besar madu
- ½ sudu teh kayu manis tanah
- ¼ cawan buah ara kering yang dicincang

**ARAHAN:**
a) Dalam periuk, bawa susu badam hingga mendidih perlahan.
b) Kacau dalam couscous, tutup, dan reneh dengan api perlahan selama kira-kira 10 minit atau sehingga couscous lembut.
c) Masukkan madu dan kayu manis yang dikisar. Masak selama 2-3 minit tambahan.
d) Keluarkan periuk dari api dan biarkan ia sejuk sedikit.
e) Kacau dalam buah ara kering yang dicincang.
f) Bahagikan puding antara mangkuk hidangan.
g) Hidangkan suam atau sejuk.

## 99. Kek Badam dan Oren Tanpa Tepung

**BAHAN-BAHAN:**
- 1 cawan tepung badam
- ¾ cawan gula
- 3 biji telur besar
- Serbuk 1 oren
- ¼ cawan jus oren segar

**ARAHAN:**

a) Panaskan ketuhar hingga 350°F (180°C). Minyak dan alaskan loyang kek.

b) Dalam mangkuk, pukul bersama tepung badam, gula, telur, kulit oren, dan jus oren segar sehingga rata.

c) Tuangkan adunan ke dalam loyang yang telah disediakan.

d) Bakar selama 25-30 minit atau sehingga pencungkil gigi yang dimasukkan ke tengah keluar bersih.

e) Biarkan kek sejuk sebelum dihiris.

## 100. Kek Oren dan Minyak Zaitun

**BAHAN-BAHAN:**
- 2 cawan tepung badam
- 1 cawan gula
- 4 biji telur besar
- ½ cawan minyak zaitun dara tambahan
- Serbuk 2 biji oren

**ARAHAN:**
a) Panaskan ketuhar hingga 350°F (180°C). Gris dan tepung kuali kek.
b) Dalam mangkuk besar, pukul bersama tepung badam, gula, telur, minyak zaitun, dan kulit oren sehingga sebati.
c) Tuangkan adunan ke dalam loyang yang telah disediakan dan bakar selama 30-35 minit atau sehingga pencungkil gigi yang dimasukkan ke tengah keluar bersih.
d) Biarkan kek sejuk, kemudian taburkan dengan gula tepung sebelum dihidangkan.

# KESIMPULAN

Semasa kami mengakhiri perjalanan kami yang penuh rasa melalui "Buku masakan maghribi terbaik" kami berharap anda telah mengalami kegembiraan menerokai dunia masakan Maghribi yang abadi dan mempesonakan. Setiap resipi dalam halaman ini adalah perayaan kesegaran, rempah ratus dan keramahan yang mentakrifkan hidangan Maghribi—bukti permaidani yang kaya dengan perisa yang menjadikan masakan begitu digemari.

Sama ada anda telah menikmati kerumitan tagine klasik, menerima wangian couscous Maghribi atau menikmati kemanisan pastri inventif, kami percaya bahawa resipi ini telah mencetuskan semangat anda untuk masakan Maghribi. Di sebalik ramuan dan teknik, semoga konsep menerokai makanan juru masak abadi menjadi sumber hubungan, perayaan, dan penghargaan untuk tradisi masakan yang menyatukan orang ramai.

Sambil anda terus menerokai dunia masakan Maghribi, semoga "Buku masakan maghribi terbaik" menjadi teman anda yang dipercayai, membimbing anda melalui pelbagai hidangan yang menyerlahkan intipati Maghribi. Inilah untuk menikmati rasa yang berani dan aromatik, berkongsi hidangan dengan orang tersayang, dan menerima kemesraan dan layanan yang mentakrifkan masakan Maghribi. B'saha!

www.ingramcontent.com/pod-product-compliance
Lightning Source LLC
Chambersburg PA
CBHW071850110526
44591CB00011B/1365